AF406366

El Cantar de Roldán

El choque de Oriente y
Occidente en los siglos XI y XII

JUAN CARLOS CURA AMAR

EDITORIAL
UNIVERSIDAD
DE LA SERENA

EL CANTAR DE ROLDÁN
EL CHOQUE DE ORIENTE Y
OCCIDENTE EN LOS SIGLOS XI Y XII
Juan Carlos Cura Amar

Primera edición: Mayo 2016
ISBN 978-956-7052-08-0

Editorial Universidad de La Serena
Los Carrera 207 - Fono 51-2204368
Correo: editorial@userena.cl
www.editorial.userena.cl

A MI ESPOSA,

MIS HIJOS,

MI MADRE,

MI FAMILIA,

MIS ALUMNOS,

MIS AMIGOS.

A TODOS, INFINITAS GRACIAS.

ÍNDICE

I. Introducción

La aparición del Islam en la cuenca del Mediterráneo significó un fuerte proceso de contracción del Imperio Romano de Oriente, quedando desde Siria hasta España bajo el dominio musulmán. El contacto con esta fuerza oriental fue sin duda traumático para la Cristiandad. La mayoría de los cristianos medievales se sintieron temerosos ante esta fuerza avasalladora que, no solo demostraba la fuerza suficiente para derrotarlos, sino que además horadaba profundamente su principal fuente de identidad, cuando se proclamaban la última revelación y los auténticos herederos de Abraham y de Jesús.

Son variados los documentos históricos que atestiguan este enfrentamiento entre Oriente *y* Occidente, el que se mantiene hasta nuestros días. He querido profundizarlo, -para los siglos XI y XII- a través de la literatura, a partir del *Cantar de Roldán*. El conflicto entre Oriente y Occidente es el tema central de la obra y en ella confluyen de hecho, todas las diversas manifestaciones culturales de la Europa Medieval y su forma de relacionarse con el musulmán. La literatura, como fiel expresión de su época, es la que da cuenta como Occidente construyó su identidad y la imagen del otro (el sarraceno) en un contexto de conflicto y en un mundo medieval en que lo esencial -como lo plantea Victoria Cirlot- era la guerra y la batalla.

Desde el siglo VII la presencia del Islam generó preocupaciones en el mundo Occidental y, en especial, en aquella Europa reducida que se denominaba Cristiandad y que ya se comienza a sentir distinta y a diferenciarse de la sección oriental del Imperio Romano. El enfrentamiento, como sabemos, se prolongará hasta nuestros días y cruzó toda la época medieval pasando por períodos de mayor o menor tensión. Si bien es cierto que *El Cantar de Roldán* se ubica históricamente en el conflicto entre el mundo islámico y el mundo franco de fines del siglo VIII en la frontera de los Pirineos, resulta ser una fuente histórica muy valiosa para estudiar el período histórico de los siglos XI al XII (época en la que la obra fue escrita) en el contexto de una sociedad caballeresca, *ad portas* de un renacimiento cultural que busca definir los elementos fundamentales de la identidad de Occidente y de una Iglesia fuerte y renovada que impulsa un espíritu de cruzada que llevará al caballero feudal hacia una misión trascendental, más allá de una batalla cualquiera: hacia una Guerra Santa.

La reacción que provoca la irrupción y expansión del Islam en el mundo cristiano Occidental se explica en sus éxitos y en el *abandono aparente de la Cristiandad por parte de Dios*. En ese contexto, no fueron pocos los escritores europeos, en una búsqueda de objetivos ideológicos que sirvieran a los intereses de Occidente, los que distorsionaron las enseñanzas del Islam y caricaturizaron sus principales creencias. Sin duda que sentimientos de rivalidad y menosprecio se deben haber producido de ambos lados y que presentaron, en momentos determinados, situaciones álgidas y de gran tensión. En este contexto, nos interesa analizar las respuestas cristianas al Islam, recurriendo a la construcción de imágenes polémicas a partir de los intelectuales de la época de las Cruzadas que se reflejan en la obra del *Cantar de Roldán* y que promueven la aniquilación intelectual (y física) del *otro* como instrumento para defender la concepción intelectual propia del mundo.

II. Consideraciones iniciales

Cualquiera que se enfrente a la lectura del *Cantar de Roldán* le será muy difícil separar el valor literario del valor histórico de la obra. Desde esta perspectiva, y más para alguien que lo lee desde la historia, el cuestionamiento no será escaso.

Debido a mi formación profesional, sostengo una profunda historicidad, es decir, la tendencia a explicar todo históricamente; creo también que todos los seres humanos somos constitutivamente históricos.

En este contexto, y para la orientación del presente trabajo, resulta fundamental establecer las características principales que definen a esta disciplina, la Historia y como esa forma de entenderla puede influir poderosamente en las más variadas dimensiones en que se mueve el sujeto histórico. ¿Por qué esta reflexión inicial? Es fundamental diferenciar Historia de Historiografía, definir ambas y dejar claras las diferencias.

El desafío es interesante, pero nada novedoso, ya que se ha planteado desde hace bastante tiempo en las discusiones de los especialistas, acrecentado y motivado por rescatar el aporte de la Historiografía y la Historia en la construcción del pensamiento occidental.

Desde esta perspectiva quiero destacar los aportes realizados por Erich Kahler, en su obra *¿Qué es la Historia?*, donde se enfrenta a la discusión planteada. Kahler se rebela a la afirmación de R. G. Collingwood que, en su libro la *Idea de la Historia* escribe: "Me parece que todo historiador estará de acuerdo en que la historia es un tipo de investigación o inquisición". Esta percepción de la Historia no es sólo la visión general de los especialistas, como plantea el profesor

Collingwood, sino que también es una visión tremendamente arraigada en la gente común que se interesa por la Historia y que es, a juicio de variados historiadores, lo que ha llevado al desprestigio y la pérdida de sentido y utilidad que en otros períodos de la humanidad se le asignaba al conocimiento histórico. Por el contrario, Kahler nos plantea que

> La historia, replicaría yo, no es de ninguna manera idéntica a la historiografía o investigación histórica; de otra manera estos términos, establecidos desde hace mucho, no tendrían sentido alguno. El hecho de que términos tales existan, de que podamos concebir un "estudio de la historia", es prueba suficiente de que la historia ha de entenderse como el acontecimiento mismo, no como la descripción o investigación de él. De seguro que los conceptos y representaciones de la historia se funden con la historia misma; ellos por su parte se vuelven acontecimientos que influyen sobre la historia, que engendran historia nueva. Pero sólo en esta capacidad activa y activadora constituye historia la historiografía y no como una función separada, teórica.[1]

La visión de Kahler no es compartida por muchos. Uno de los últimos autores que ha vuelto sobre esta temática es el profesor Julio Retamal Favereau, en su obra *Y después de Occidente ¿qué?*, cuando nos plantea que

> En primer lugar, me parece que la historia es, fundamentalmente, producto del historiador y no del hombre, sea este considerado como individuo, como colectividad o como especie, género o universal. Es decir, la historia es un estudio, una forma de conocimiento y no una actitud, una conducta o una forma de existencia.[2]

---

1. Kahler, Erich, *Qué es la Historia?*, FCE, Santiago, 1993, pp. 14 y 15.

2. Retamal, Julio, *Y después de Occidente ¿qué?*, Editorial, Andrés Bello, Santiago, 2008, p. 30.

La visión del profesor Retamal, sin duda la más generalizada, provoca, a mi juicio, que perdamos perspectivas fundamentales del hombre como ser histórico y que son claramente rescatadas por Erich Kahler, tales como que la Historia como un tipo particular de acontecer donde el cambio (la permanencia no es histórica) se relaciona con la continuidad (estructuras) a través de la coherencia, es decir, de pensar los acontecimientos con sus interacciones y no como hechos aislados. Los acontecimientos están ligados y, a la vez, la ligazón debe tener un sustrato, a saber, algo o alguien a quien le acontezca, es decir, una coherencia que es dada por una mente que la perciba y la comprenda. Esa mente comprensiva que perciba tal coherencia y a partir de ella crea un concepto que influye en su realidad, que la modifica, que descubre el significado y que lleva a entender la existencia de un orden en el mundo sea como forma (como en los griegos la preocupación por el orden, el equilibrio o la armonía) o como propósito (por ejemplo, las metanarraciones del judaísmo y del cristianismo). Para mí esto es crucial:

> "De esto se sigue que algo sólo tiene significado para alguien, sólo para la mente humana que lo comprende y, comprendiéndolo, de hecho lo crea; aquel que capta un significado por vez primera crea algo nuevo; por su mero acto de comprender cambia el cuadro de su mundo y, como dicho cuadro envuelve un cambio reflexivo en su alrededor, cambia su mundo mismo, la realidad de su mundo. Y así precisamente nació la historia".[3]

Por consiguiente, de lo anterior se deriva un precepto fundamental: cada vez que el hombre ensancha su nivel de comprensión de su realidad, crea un nuevo concepto de ésta e influye en esa misma realidad, modificando su mundo y cambiándolo, creando una Historia nueva. La Historia es una cosa viva, ha

---

3. Kahler, Erich, *Qué es la Historia?* FCE, Santiago, 1993, p. 17.

estado con el hombre desde sus orígenes y sigue estando con nosotros en cada momento de nuestras vidas, cada vez que nos movemos en esa interacción indisoluble entre actualidad y conceptualidad.

Es por lo expuesto previamente que, además, merece una reflexión la temática del tiempo histórico. Lo primero que debemos apuntar es que no podemos entender el tiempo histórico como tiempo cronológico. De las sabias palabras de Fernand Braudel surge claramente la diferencia, cuando plantea que el tiempo cronológico ordena y el tiempo histórico explica. En esa misma perspectiva encontramos los planteamientos de Marc Bloch, cuando establece que el tiempo histórico es la atmósfera en que los hechos históricos se hacen inteligibles, es decir, se comprenden y apuntan hacia una coherencia específica que devela un significado.

Esta visión conceptual se constituye como la base de aproximación a la lectura del *Roldán*. Más allá de que es una obra literaria y que hay que leerla como literatura, no deja de inscribirse como una fuente histórica relevante (está de más analizar aquí la influencia histórica que ha ejercido la obra durante mucho tiempo). En definitiva, la cuestión es determinar la relevancia del contexto histórico y su clara influencia en la obra: ¿Cómo una obra que relata un hecho menor -casi insignificante en el reinado de Carlomagno- y que habría ocurrido hacia el año 778, rescata este hecho hacia la segunda mitad del siglo XI, (casi 300 años después) y lo convierte en un poema base en la definición de la identidad nacional Francesa?

Más allá de las deformaciones históricas del relato (que serán analizadas más adelante) subyace en él un tema más profundo y que es la genuina expresión de su tiempo. Es decir, el autor del *Roldán* se apodera de un hecho histórico (que hasta posiblemente mitifica) y lo convierte en un concepto relevante y crucial para el momento histórico que se enfrenta (surge la relación entre concepto y realidad en la creación Histórica).

Desde esta perspectiva es interesante rescatar el valor como fuente histórica que representa el *Cantar de Roldán* y el aporte que nace de la literatura para construir la visión de un individuo de su propio tiempo. Los autores escriben desde lo que conocen, desde su realidad, más allá de la ficción, existe una tendencia a lo verosímil. Plantean Valverde y De Riquer,

> Los cantares de gesta son algo así como la historia al alcance y al gusto del pueblo. El hombre docto se enteraba de los hechos del pasado leyendo crónicas y anales en latín, y quedaba su curiosidad satisfecha con el dato frío y escueto. El hombre iletrado precisaba de alguien que le expusiera de viva voz la historia, de la cual lo que le interesaba era lo emotivo, sorprendente y maravilloso y la idealización de los héroes y guerreros a los que se sentía vinculado por lazos nacionales, feudales o religiosos.[4]

Los autores destacan en su obra que el cantar de gesta genuino tiene un fondo histórico cierto, al que es más o menos fiel y que esta fidelidad estaría en directa relación con la cercanía histórica del relato con el hecho que busca relatar. Desde esta perspectiva, el relato del *Cantar de Roldán* perdería valor histórico por su lejanía en el tiempo y en el espacio de la batalla de Roncesvalles. A diferencia de esta postura, considero que el valor histórico del *Cantar* se justifica en función de su tiempo (siglo XI y XII) y que por ende su historicidad reside, como lo ha planteado Victoria Cirlot en el libro sobre epopeya e historia o como lo destaca Luis Weckmann en su texto sobre la sociedad feudal, cuando reflexionan sobre la relevancia que tienen los cantares de gesta para reflejar la imagen de la sociedad de los siglos XI y XII, la sociedad del feudalismo, la

---

4. Valverde, José María y De Riquer, Martín. *La Épica Medieval.* Tauro, Buenos Aires, 1999, p. 15.

fidelidad en la jerarquía, el ardor caballeresco, el espíritu de cruzada y la lucha contra el infiel, tal como lo demostraremos a través del análisis del *Cantar de Roldán*.

III. Contexto histórico de la Batalla de Roncesvalles

Las proximidades del desfiladero de Roncesvalles en el Pirineo de Navarra, el 15 de agosto del año 778, habría sido el escenario de la batalla descrita en el *Cantar de Roldán*.

Según el poema épico, el Emperador Carlomagno (recuérdese que la Coronación de Carlomagno tuvo lugar recién en la navidad del año 800) desarrollaba una campaña victoriosa por España que se prolongaba por cerca de siete años. El *Cantar* se detiene básicamente en un acontecimiento: el combate entre la retaguardia del ejército de Carlomagno, que regresaba a Francia después de guerrear con los sarracenos.

Al momento de cruzar los Pirineos con destino a Francia, la retaguardia del ejército franco, comandada por Roldán e integrada por cerca de 20.000 hombres, se ve emboscada por cerca de 400.000 sarracenos. La situación es propicia para que el héroe (Roldán) despliegue todo su valor y también su orgullo. Es por esto que decide no tocar el olifante para solicitar auxilio a su emperador, tal y como lo sugiere su amigo Oliveros, enfrentándose al enemigo a pesar de la enorme diferencia numérica. El valor y arrojo demostrado por los francos es tremendamente destacado en la obra, pero la diferencia numérica inclina la balanza a favor de los moros. Finalmente, Roldán al ver su ejército diezmado y superado, decide tocar el olifante pidiendo ayuda a Carlomagno.

Los intentos de Ganelón (el padrastro traidor de Roldán) son infructuosos y no impiden que Carlomagno vuelva a su retaguardia en sentido del ruido del olifante. Para Roldán,

Oliveros, el arzobispo Turpín y los Doce Pares, ya es tarde. La venganza del emperador no se hace esperar y decide perseguir a los sarracenos. Antes del cruce del río Ebro los atrapa y derrota a las tropas de Marsil.

El triunfo de Carlomagno es solo momentáneo ya que al mismo tiempo de su triunfo sobre el Rey Marsil, desembarca en España el Emir Baligán, acompañado de un gran ejército. Baligán y Carlomagno despliegan sus fuerzas para el combate y se enfrentan en una lucha campal en la que vence el emperador de los francos. Carlomagno, tras una lucha muy reñida con el propio emir, con la ayuda del arcángel San Gabriel, decide el resultado de la batalla.

El éxito le permite a Carlomagno la toma de Zaragoza y después de vengar a Roldán y los Pares caídos, regresa a Francia para someter a juicio la traición de Ganelón. La sentencia, dictaminada a través del Juicio de Dios, lo declara culpable de felonía y es condenado a ser descuartizado:

> "Llevados cuatro corceles, a continuación, se le ataron los pies y las manos. Los caballos estaban ansiosos y eran rápidos: ...Ganelón llegó a su muerte. Todos sus nervios se estiraron, todos los miembros de su cuerpo quedaron rotos y sobre la hierba verde se extendió su sangre clara. Ganelón murió la muerte propia de un delincuente comprobado."[5]

Más allá de este relato, por lo demás bastante general, la idea es someter aspectos importantes de la narración a ciertas referencias históricas, desarrollando estas últimas desde la definición de los atacantes hasta la existencia histórica de muchos de los personajes.

En primer lugar me quiero detener en la definición de la ubicación exacta de la batalla que no ha dejado de ser fuente

---

5. Turoldo, *La Canción de Roldán*, Anónimo francés del año 1100. Versión de Benjamín Jarnes, Editorial Alianza, Madrid, 2003.

de discusión entre los especialistas. La problemática procede del hecho que los propios cronistas carolingios no mencionan con un topónimo el puerto por donde pasaron las tropas ni el desfiladero en donde pudo haber acontecido la emboscada. La historiografía del siglo IX la situó en Lucayde (llamada hoy Valcarlos, referencia a VallisKaroli, mención explícita al Valle de Carlos), pero es la misma *Canción de Roldán* la que fija otro escenario (esto es hacia el siglo XII), cuando es localizada en el desfiladero de Roncesvalles.

Esta problemática es enfrentada de una manera muy profunda por José María Jimeno Jurió en su investigación titulada "El mito del camino alto entre Roncesvalles y Saint-Jean-Pied-de-Port". Después de establecer las referencias históricas, literarias y unirlas a su conocimiento personal de la zona del Pirineo, nos plantea:

> "Por lo que respecta al lugar de la batalla, tenemos que señalar una realidad fundamental histórica, que influyó decisivamente en la interpretación del hecho y en el consecuente cambio de emplazamiento de la batalla. La consolidación de una sociedad caballeresca, amante de los combates duelísticos, hace que las nuevas versiones de la *Chanson* enfrenten a millares de cristianos contra ingentes ejércitos agarenos. El primitivo marco geográfico descrito por los analistas carolingios, con profundos desfiladeros angostos cubiertos de tupido boscaje y cruzados por un camino estrecho que hace penoso el trayecto, es, además de indigno, insuficiente para un enfrentamiento masivo de las tropas, y se desplaza hacia la llanura de Burguete.
>
> Sin embargo, la *Chanson de Roland*, tanto en la versión de Oxford como en otras conocidas, se mantiene fiel a la tradición histórica cuando narra la marcha del emperador por el mismo camino descrito en los anales de los siglo VIII y IX, introduciendo como novedad geográfica sustancial el traslado del lugar de la emboscada a la altiplanicie de Errozabal.

Lo mismo sucede con los relatos histórico-legendarios de la primera mitad del siglo XII. La Kaiserchronik sitúa en el Karlestal (Valle de Carlos) al ejército de los francos. La Historia Turpini y la Guía del Peregrino continúan la tradición de los cantares de gesta, sus predecesores, y de los anales históricos, situando la marcha del emperador por el camino difícil, angosto y angustioso, de los desfiladeros, a los que dan ya su nombre: "VallisKaroli", "lugar que distancia de Roldán ocho millas hacia Gascuña" (Historia Turpini), y "en el que acampó el emperador con sus ejércitos cuando los guerreros fueron muertos en Roncesvalles" (Guía de Calixtino"). En estos relatos perdura la verdad histórica del paso del soberano por los parajes de Luzaide, aunque, como en la Chanson, el escenario del combate ha sido desplazado a la vertiente sur del Pirineo"[6]

La cita es bastante extensa, sin embargo, nos ayuda a percibir la relevancia del contexto histórico en las alteraciones del paraje. Más adelante en su investigación Jimeno nos aporta indicaciones relevantes, tales como:

1. Que la mayoría de los historiadores aceptan como escenario de la batalla la plana de Roncesvalles siguiendo los cantares de gesta, pero Carlomagno atraviesa los puertos por Valcarlos.

2. Que hasta comienzos del siglo XX, todos los historiadores, en especial navarros y españoles, admiten que el camino seguido por el emperador en su viaje a España fue por el valle.

3. Que desde el siglo XVIII comenzó a germinar una teoría de que el camino de Valcarlos no tuvo existencia, sino hasta 1881. Era una pequeña senda al servicio de los habitantes del valle y que el único camino entre la Alta y la Baja Navarra por esa parte del Pirineo era por el de Lopoeder, vía romana y de los peregrinos, mercaderes, ejércitos y reyes y, por ende,

---

6. Jimeno, José María, "El mito del Camino alto entre Roncesvalles y Saint-Jean-Pied-de-Port", *Revista Príncipe de Viana* 130, año 1976, pp. 89 y 90.

el seguido por Carlomagno el año 778. Para Jimeno, el punto anterior es un mito que se elaboró por parte de la sociedad erudita de ese tiempo influenciada por una concepción moderna de la estrategia militar:

> "Fue creando y consolidando el mito, de forma parecida a como la sociedad caballeresca de los siglo X y XI, precisó desdoblar el marco geográfico, manteniendo para la retirada de Carlomagno la ruta iniciada por la tradición (Valcarlos), pero desplazando la batalla al llano de Roncesvalles".[7]

Esteban Sarasa Sánchez en su obra *Una Lectura Histórica del Cantar de Roldán* nos aporta otro elemento a considerar, y se refiere al hecho de que el cantar de gesta pudo superponer o combinar dos hechos principales y otros acontecimientos de segundo orden,

> "... uno es la retirada del ejército carolingio que había penetrado en España -término utilizado en el poema para lo que denominamos al-Andalus- por el Pirineo Occidental y que tras fracasaren la ocupación de Zaragoza habría regresado a sus cuarteles y campamentos sin apenas incidente alguno de relevancia; otro es, por el contrario, el desastre sufrido, e ignorado por las fuentes oficiales, por un segundo ejército capitaneado, entre otros, por Roldán, Oliveros y Turpín, que había entrado por el Pirineo oriental y a su regreso, por el mismo itinerario o por otro cercano, se habría visto sorprendido por lo que el cronista y el recuerdo popular llamaron vascones, el cantar sarracenos y algunos indicios permiten hablar de "aquitanios""[8]

Para concluir este aspecto, no menos confuso y que por lo mismo no pretendemos aquí dilucidar, quiero expresar algunas reflexiones de Antonio Ubieto en su texto *La Chanson*

---

7. Op. Cit. Jimeno, José María, pp. 98 y 99.

8. Sarasa Sánchez, Esteban. "Una Lectura Histórica del Cantar de Roldán", *Revista de Historia*, Homenaje a don Antonio Durán Guidol, Zaragoza 1995, p. 781.

de Roland y algunos problemas históricos que confirman aspectos de los mencionados anteriormente. Ubieto plantea que Carlomagno habría ingresado a España por Pamplona, mismo lugar por el que se habría retirado sin sufrir contratiempo alguno (comparte esta posición con Esteban Sarasa Sánchez) y que en un principio los francos habrían ocultado la retirada del segundo cuerpo del ejército que procedería de las tierras del este y que solo a partir del año 805 (*Annales reales*) lo habría empezado a recoger la historiografía franca. Este segundo destacamento habría cruzado por la calzada romana que unía Zaragoza con Bearne, y luego agrega:

> "Los ejércitos mandados por los nobles francos – y no por Carlomagno—sufrieron las acometidas de los "wascones" en el valle de Echo, posiblemente entre Siresia y la "Boca del Infierno", lugar que por sus características responde a las descripciones geográficas tanto de las tres fuentes antiguas que las narran, como de la parte antigua de la Chansond de Roland".[9]

La problemática histórica no es menor a la geográfica. La imprecisión histórica y las grandes exageraciones son propias del género y los datos que nos aporta la historiografía nos entrega un escenario que la épica ha modificado. Siguiendo el rigor histórico encontramos a Carlomagno dirigiendo, hacia el año 777, la conquista de Sajonia, recibió una comitiva del embajador de Zaragoza que pedía su apoyo para llevar a efecto una rebelión contra el emir de Córdoba, Abd al-Rahman. El emperador decide organizar una expedición e ingresa a territorio español el año 778, pone sitio a Zaragoza, ciudad que en definitiva no se entrega. Fracasada la expedición Carlomagno decide la retirada (un supuesto levantamiento

---

9. Ubieto, Antonio. *La Chanson de Roland, y algunos problemas históricos.* Anubar Ediciones, Barcelona 1985, p. 223.

de Sajonia requería de su presencia en su territorio) y en su camino de regreso habría saqueado y atacado Pamplona. Al atravesar los Pirineos su retaguardia habría sido sorprendida por los vascones en Roncesvalles muriendo personajes como el senescal Egginardo, el conde palatino Anselmo y Roldán, jefe de la marca de Bretaña.

El fracaso carolingio se puede explicitar en el hecho de que no hubo nuevas expediciones y que los esfuerzos se concentraron en el extremo noreste de la península, Gerona, Urgel y la Cerdeña, son controladas por los francos en el año 785. Esto gatilló la respuesta del emir de Córdoba, quien dirigió una ofensiva que, el 793, le permitió atacar Gerona y llegar hasta Narbona.

En síntesis, el *Cantar de Roldán* narra, desde una perspectiva épica, cómo el rey de los francos cruza los Pirineos y, aliado con ciertos caudillos musulmanes, trata de sacar provecho de los conflictos al interior de la Hispania árabe, lo que le permite tomar Pamplona y sitiar Zaragoza. Reclamado en su propio reino, levanta el asedio, saquea Pamplona y emprende el regreso. Es por venganza al saqueo de la ciudad de Pamplona que su retaguardia es atacada por cristianos montañeses vascos-navarros, situación que es descrita por su biógrafo Eginardo en su *Vita Karoli Magni*:

> "Marchó a Hispania con todas las fuerzas disponibles, y salvados los montes Pirineos, logró la sumisión de todas las fortalezas y castillos que encontró. Al regreso, en la misma cima de los Pirineos, tuvo que experimentar la perfidia de los vascones cuando el ejército desfilaba en larga columna, como lo exigían las angosturas del lugar. Los vascones emboscados en el vértice de la montaña, descolgándose de lo alto empujaron al barranco la columna que escoltaba la impedimenta que cerraba la marcha, provocando que los hombres se precipitasen al valle situado más abajo, y trabando la lucha los mataron hasta

el último. Después de lo cual, apoderándose del botín, protegidos por la noche que caía, se dispersaron con gran rapidez. Ayudó a los vascones no solo la ligereza de su armamento, sino también la configuración del lugar en que la suerte se decidía. A los Francos, tanto la pesadez de su armamento como el estar en un lugar más bajo, les hizo inferiores en todo momento. Entre otros muchos perecieron el senescal Egiardo, el conde de Palacio Anselmo y Roldán, prefecto de la marca de Bretaña. Este fracaso no pudo ser vengado, porque los enemigos se dispersaron de tal manera que ni siquiera quedo rastro del lugar donde podían hallarse.[10]

La descripción realizada por Eginardo es confirmada en otras fuentes como los *Anales Mettenses Priores* que son anónimos y escritos en Metz veinticinco años después del hecho: "Habiendo decidido volverse, entró en los bosques del Pirineo, desde cuyas cimas los vascones habían tendido un emboscada" (citado por Jimeno P.); el astrónomo Lemosín, biógrafo de Ludovico Pío escribió, sesenta años después del hecho,

> "... La gloria de la feliz hazaña fue gravemente mancillada por la fortuna pérfida. Terminados los asuntos que le habían llevado a España, después de la feliz marcha de retorno, surgió un contratiempo. Los hombres de la retaguardia fueron degollados en la montaña".[11]

Del mismo modo el Poeta Sajón en sus *Annales de gestis Caroli magni* agrega,

> "Habiendo penetrado (el rey) a su regreso en la profunda hondanada del Pirineo, cuando el ejército cansado atravesaba por los estrechos senderos, los vascones osaron poner asechanzas bajo el sumo vértice del monte. Una abominable muchedumbre de ladrones victoriosos que arrebataban el inmenso botín,

---

10. Eginardo. *Vita KaroliMagni*. Ediciones Orbis, Barcelona, 1986, p. 47.

11. Alvar, Carlos. *Roldán en Zaragoza*. Zaragoza, CAI, 2000, p. 15.

> matando a varios ministros palatinos encargados de custodiar las riquezas, enriquecidos por los óptimos despojos, los ladrones huyen por senderos inabordables en medio de los bosques del profundo valle que solo ellos conocían".[12]

A pesar de que las referencias históricas apuntan con mayor claridad a los vascones como los responsables del ataque no faltan los que siembran la duda de que los vascones hayan actuado solos o que hayan desarrollado una alianza con los musulmanes.

> "Hoy se admite generalmente (R. M. Pidal, R. Abadal, J. Favier, A. De Riquier, etc.) que, en Roncesvalles, los atacantes fueron gentes vasconavarras, ayudadas seguramente por musulmanes zaragozanos y pamplonenses. Según historiadores árabes (Ibn-Al Athir, a principios del siglo XII, en base a relatos anteriores) los musulmanes lograron rescatar a los rehenes, aunque no dicen dónde".[13]

Los rehenes a los que hace referencia la cita serían los pertenecientes a las grandes familias zaragozanas, que se habían dado en prenda a Carlos en las negociaciones previas de Paderborn y que éste llevaba consigo.

Lo relevante, desde la perspectiva de este trabajo, es que el tiempo trascurrió y la historia acaecida sobre el Pirineo fue silenciada hasta el siglo XII en que los monasterios, deseosos de historias y hazañas de nobles cristianos, se las habrían ingeniado para crear canciones de gesta. Allí estaría el origen del *Cantar de Roldán* y de su supuesto autor, Turoldo (monje normando). Lo que pasó en agosto del 778, fue completamente modificado, el traslado de la batalla de Valcarlos a

---

12. Poeta Sajón en *Annales de Destis Caroli Magni.* Citado por Carlos Viñas, en *La hondonada del descalabro*, p. 5.

13. García Pérez, Guillermo. "Carlomagno en Roncesvalles: un error militar viario". Artículo publicado en *El Nuevo Miliario,* Madrid 2005, p. 12.

Roncesvalles (que, dentro de los patrones del cantar de gesta, como plantea Menéndez Pidal, no podían hacer morir a Roldán luchando en las angosturas de un camino y barranco montañero, sino en terreno abierto); la expedición a España empieza a ser explicada como una Guerra Santa y de Cruzada y no por los conflictos entre las autoridades árabes en la Hispania musulmana que gatillaron deseos expansionistas y políticos en el mundo franco; los atacantes son sarracenos y no cristianos vascones molestos por el saqueo de Pamplona; y la epopeya que termina con el triunfo de Carlomagno y la toma de Zaragoza, en realidad no es epopeya alguna, es más una escaramuza que una batalla y una derrota para las tropas francas de la cual nunca pudieron vengarse.

Me parece interesante detenerse un poco en la expedición de Carlomagno a España que aparece muy modificada en el cantar de gesta con respecto a los datos que arroja la historiografía. Desde la perspectiva histórica la expedición se reduce a unos meses y no a los siete años que relata la Chanson y la supuesta toma de Zaragoza allí descrita estuvo lejos de verificarse. Resulta útil citar parte del estudio de Guillermo García Pérez titulado *"Carlomagno en Roncesvalles: un error militar viario"* que nos confirma lo anterior y que además sustenta la tesis de Esteban Sarasa S. sobre el ingreso a España de dos ejércitos.

> "En efecto, con el fin de consumar un proyecto de semejante envergadura, Carlos invadió Hispania con dos ejércitos, que debían confluir en Zaragoza. El uno, mandado según Eginhardo por el propio rey franco, entró por "el desfiladero" (Roncesvalles) y Pamplona. Y, el otro, dirigido probablemente por el duque de Tolosa, pasó los Pirineos por Gerona; avanzando después por Barcelona y Huesca hacia Zaragoza. Una vez reunidos o próximos ambos ejércitos, pusieron cerco a la ciudad del Ebro. Pero Zaragoza logró resistir: los golpistas

musulmanes, concertados con Carlos tras largas gestiones diplomáticas de ámbito internacional (el llamado "complot de Paderborn"), habían fracasado. Después de unos dos meses de sitio, el ejército del rey franco tuvo que levantar sus tiendas y volverse desilusionado a Francia".[14]

La conquista de Zaragoza descrita en la obra de Turoldo (que por razones del presente estudio la relataremos en el capítulo referido a la épica y los cantares de gesta) no se habría verificado. Las crónicas de la época sí recogen la conquista de Gerona al sur de los Pirineos: "aquel año los gerundenses libraron la ciudad al rey Carlos" (*Crónicas de Moissac*) o "los hombres entregaron la ciudad de Gerona al rey Carlos" (*Annales Barchinonenses*). Es muy posible que los siete años de los que habla el cantar corresponda a los trascurridos entre el 778 (año de la Batalla de Roncesvalles o de la conquista de Pamplona por Carlos) y el año 785 (fecha en que Carlos conquistó Gerona). Según Esteban Sarasa Sánchez esto se explicaría porque el recuerdo de Carlomagno en Gerona perduró durante toda la Edad Media y fue incluso venerado como santo.

El mismo autor nos entrega antecedentes relevantes de dónde podría venir el error histórico del cantar con respecto a la Conquista de Zaragoza. La obra estaría influenciada, registrando en un contexto distinto, por el hecho histórico acaecido en el año 1118, en la que Alfonso I de Aragón conquista Zaragoza. Lo anterior, siguiendo los planteamientos de Sarasa Sánchez se explicaría por: la tendencia de la épica a superponer hechos históricos; la importancia emblemática y afectiva que desde los carolingios mantuvo hasta su definitiva reconquista la ciudad de Zaragoza desde la perspectiva europea continental, es decir, desde Carlomagno hasta Alfonso el Batallador; la

---

14. Op. Cit. García Pérez, Guillermo, p. 12.

descripción que hace la obra de Turoldo de la ciudad de Zaragoza más propia de las características de la ciudad en el siglo XII; y, a lo mejor lo más relevante para el objetivo del presente estudio, el fervor europeo y de cruzado indiscutible que solo puede ser explicado por el entusiasmo engendrado por las cruzadas tradicionales de los siglos XII y XIII.

Para finalizar, me quiero detener un poco en los personajes, en especial en el caso de Roldán. A pesar de la imprecisión histórica y de las exageraciones que encontramos en el cantar y que son propias del género, es indudable la presencia de la figura histórica de Carlomagno (quien no sería coronado emperador hasta la navidad del año 800, es decir, doce años después del hecho histórico); sin embargo, luego se mezclan personajes reales, muertos efectivamente en esa fecha, y otros ficticios convertidos en héroes en ésta u otras canciones de gesta. Empecemos por relatar algunas consideraciones de estos últimos.

Turpín, por ejemplo, personaje del que se sabe que habría sido monje de Saint Denis, llamado a ocupar la sede episcopal de Reims (de haber sido obispo debía hacer de él una autoridad política y militar de primer orden) y que habría recibido importantes favores de Carlomagno. Se cree que murió hacia el año 800 (algunos no descartan que muriese en Roncesvalles al frente de sus hombres), su personalidad habría sido usurpada por el *pseudo* obispo Turpín, un clérigo que se ocultó tras su nombre para prestigiar uno de los cinco libros del *Codex Calixtinus*, falsamente atribuido al papa Calixto II. No hay nada que demuestre su participación en la expedición a España y, al mismo tiempo, nada que lo desmienta. El *Cantar* lo presenta como un auténtico clérigo matamoros, valiente, animoso y decidido que, como un verdadero león, pelea en Roncesvalles y da a sus compañeros esperanza y ánimo de salvación de sus almas.

Oliveros, el consejero prudente y juicioso de Roldán, es el compañero perfecto (para muchos un personaje imaginario), es valiente y poderoso y que además reúne las virtudes de la prudencia y la disciplina militar (virtudes de las que claramente el héroe Roldán carece. Recuérdese cuando se niega a tocar el olifante). Y, por último, Ganelón, el noble francés que traiciona a Carlomagno y que, a pesar de la felonía, es representado como un caballero gallardo y valeroso que se pierde en su deseo de venganza al sentirse ofendido por su hijastro Roldán. El verdadero Ganelón sería un pastor que traicionó a Carlos el Calvo (nieto de Carlomagno) y en quién se habría inspirado el autor del *Cantar* para representar la felonía.

Con respecto a la figura central del *Cantar*, Roldán, ¿qué se sabe de fuentes históricas seguras? Que ostentaba el título de Marqués de Bretaña y que murió cruzando los Pirineos en agosto del año 778. De todo lo demás, hay pocas referencias históricas y más parece obra de la imaginación de los poetas que de cronistas o historiadores.

Recordemos que uno de los aspectos más importantes del Imperio carolingio fue la reorganización administrativa (por primera vez se rompe con la tradición administrativa heredada del Imperio Romano) con el establecimiento de condados y marcas. Estas últimas correspondían a verdaderos territorios fronterizos con barreras defensivas contra los enemigos del reino (que más tarde se convertiría en Imperio) y puntos de partida para empresas de conquista. Esto sin duda que define el carácter de dichos espacios como de guerra permanente y, por ende, cuya responsabilidad es solo confiada a los mejores militares del reino. El carácter de belicosidad permanente de las marcas establecía una diferencia fundamental de Roldán con el resto de los hombres de la comitiva: mientras que las grandes empresas militares no se desarrollan más que en verano, Roldán se pasaba todo el año luchando contra los bretones que defendían con fuerza su independencia y sus cultos ancestrales ante el expansionismo franco y sus intentos de cristianización.

Es el cantar de gesta el que eleva la figura de Roldán como un héroe que cumple con todos los requisitos con que lo inviste la épica medieval:

1. Recordemos que la heroicidad oscila entre lo que yo soy, lo que somos (colectivo) y lo que los otros son (la otredad). Lo colectivo es lo que prevalece y el protagonismo del héroe es funcional a ello. Como afirma Cesare Segre, tomando en cuenta los planteamientos de Hegel con relación a los géneros literarios, que:

> "La épica tendría que ver con la representación de mundo en un momento determinado de la historia de una comunidad, cuando los límites entre lo individual y lo colectivo no se encuentran diferenciados".[15]

Efectivamente el honor tiene que ver con la limpieza del nombre que no es propia, sino de la estirpe entera a la que cada uno pertenece. Esto tiene que ver con la estructura social del mundo germano y celta –del mundo tribal que es heredada en la Edad Media/feudalismo. Yo soy yo y mi nombre –mi colectividad.

Lo anterior se refleja en el carácter nacional, fundacional e identitario de la épica, en cuanto da cuenta de una determinada visión de mundo, por tanto de una mentalidad. De esta manera la exaltación de lo heroico dice relación con la satisfacción de una determinada comunidad, de su continuidad y estabilidad. El *Roldán* recoge el largo proceso de una comunidad, pues concurren en él distintos tiempos: arranca

---

15. Segre, Cesare. *Géneros*. Crítica, Barcelona, 1985, p. 277.

de un hecho histórico específico, el que se va transfigurando en una leyenda épica hasta finalmente cristalizar en un Cantar de Gesta que sirve a un fin de la comunidad.

2. Roldán cumple con todos las características de la épica bélica y representa todos los elementos de la caballería: su severo sentido del honor, su fidelidad ejemplar al rey, su fuerza y su valor al combatir y la entrega en una causa religiosa con un compromiso total. A pesar de que no podemos comprobar completamente su historicidad, es sin duda el primer caballero, de muy alta nobleza, que renuncia a la vida en la corte para exponer su vida por la defensa de la cristiandad y luchar contra sus enemigos, aunque éstos sean en número muy superiores.

> "El combate es magnífico, la lucha se torna general. El conde Roldán no preserva su persona. Hiere con su pica mientras le dura el asta; después de quince golpes la ha roto, destrozándola completamente. Entonces desnuda a Durandarte, su buena Espada. Espolea a su caballo y acomete a Chernublo. Le parte el yelmo en el que centellean los carbunclos, le desgarra la cofia junto con el cuero cabelludo, le hiende el rostro entre los dos ojos y la cota de blanca de menudas mallas, y el tronco hasta la horcajadura. A través de la silla, con incrustaciones de oro, la espada se hunde en el caballo. Le parte el espinazo sin buscar la juntura y lo derriba muerto con su jinete sobre la abundante hierba del prado".[16]

Sin ninguna duda este relato del *Roldán* nos acerca a los elementos más genuinos de la cultura caballeresca que se presentan individualizados, detallados e incluso alabados. Hay una valoración explícita de los accesorios del caballero en el arte de la guerra y el tratamiento de la violencia con una definida conciencia estética, lo que nos lleva a no olvidar, que

---

16. Op. Cit. Turoldo, CIV.

más allá del contenido ideológico del que el texto es portador, el poema épico es un goce de contar y escuchar.

Recordemos que en esta época (siglos XI y XII), es el caballo el que hace al caballero y su complemento está dado por todo su equipo de combate donde la espada (recuerde el espaldarazo) ocupa un rol fundamental. La obra nos orienta sobre el emperador, Carlomagno, que conduce a su caballo Tencedor y lucha con su espada Joyosa, mientras Roldán monta a Briador y se defiende con su espada Durandarte:

> "¡Ah Durandarte, qué bella eres, qué clara y brillante! ¡Cómo luces y centellea al sol!"[17]

> "¡Ah Durandarte, qué bella eres, y qué santa! Tu pomo de oro rebosa reliquias: un diente de San Pedro, sangre de San Basilio, cabellos de monseñor San Dionisio y un pedazo del manto de Santa María. No es justicia que caigas en poder de los infieles; cristianos han de ser los que te sirvan".[18]

En este punto nos resulta relevante aportar elementos del contexto histórico (siglos XI y XII) que influyen en las características que adopta la institución de la caballería. En este aspecto resulta importante los planteamientos hechos por el profesor Javier Alvaradejo que, en su artículo "La búsqueda del Santo Grial: el nacimiento de la caballería en el siglo XII", nos plantea una verdadera metamorfosis que vive la institución y que también es percibible en los intelectuales de la época. El resurgimiento urbano y del comercio, las sensibles mejoras en la calidad de vida habrían permitido una especie de renacimiento cultural que estaría caracterizado por una vuelta al aristotelismo, en especial en la escuela de Chartres con representantes como Bernardo de Chartres, Azo y Juan de Salisbury.

---

17. Op. Cit. Turoldo, CLXXII.
18. Op Cit Turoldo, CLXXII.

> "Durante los siglos XI y XII se vive un proceso de cambio que, sin duda, tiene una fuerte repercusión dentro del desarrollo de la cultura de la Europa cristiana occidental. Proceso que se inicia a fines del siglo XI y duraría hasta el siglo XIII, un momento en que Europa Occidental se desarrolla culturalmente..."[19]

Esta posición es compartida por el historiador Erich Kahler que define este período como trascendental para entender la identidad de Occidente a partir de una serie de procesos que se desarrollan desde el mundo secular hasta el espiritual.

Desde el primero destaca con relevancia la recuperación del pensamiento aristotélico que se habría reinsertado paulatina y silenciosamente en instancias que parecían no amenazar el universo platónico establecido por San Agustín, como por ejemplo, la creciente cristianización de las tribus germánicas; las luchas contra los musulmanes volvieron a abrir el Mediterráneo a la transmisión del conocimiento precristiano; las controversias religiosas iniciadas a partir del siglo IX permitieron el reingreso de la argumentación aristotélica en cuestiones de fe; y la preeminencia de las cuestiones temporales por sobre las espirituales que en la práctica van a posibilitar:

> "La victoria final de la razón sobre la fe, que significa la supremacía del tiempo de plano secular, histórico, sobre la sempiternidad del todo espiritual".[20]

La influencia racionalizadora de Aristóteles, dominante como se volvió, se constituye en una muestra del camino hacia la secularización:

---

19. Alvaradejo, Javier. "La búsqueda del Santo Grial: el nacimiento de la caballería en el siglo XII". *Revista de Historias del Orbis Terrarum*, Santiago, 2014, p. 3.
20. Op. Cit. Kahler, Erich, p. 102.

"Una marcada predisposición hacia la naturaleza, más prevaleciente entre los pueblos nórdicos, empezó a desenvolverse metódicamente ya en los siglos XII y XIII. Si bien la estimulaba el pensamiento aristotélico y neoplatónico, llegaba más lejos que él mediante la observación independiente, la experimentación y la explicación matemática. Sabios como Robert Grosseteste, Petrus peregrinus de Maricourt, Alberto Magno, Witelo, Dietrich de Freiberg y Roger Bacon, sin olvidar al Emperador Federico II, coronaban esta creciente gravitación hacia la vida en la tierra".[21]

Lo que sucedió a partir del plano espiritual resulta aún más interesante:

"A fines del siglo XII la iglesia ejercía una autoridad prodigiosa en la gente común. Parecía confirmar y cumplir el doble papel con que Agustín la había investido: con su organización deslumbradora, su atractivo de la cruzada, su dominio feudal sobre los gobernantes como los reyes de Sicilia, Aragón e Inglaterra, parecía en efecto delegada y precursora terrenal del Reino de Dios, uniendo gradualmente todas las naciones en una *universa gens*, una comunidad universal".[22]

Intelectuales cristianos como Amaury de Bene y de Joaquín de Fiore son la más clara expresión de esta nueva concepción, a partir de ellos se contruye el concepto de que el gran cambio de los tiempos ocurriría en el futuro próximo y llegaron a nociones similares de una progresión gradual de la salvación, temporalizando la Santísima Trinidad, en tres etapas evolutivas: La Edad del Padre, del Hijo y del Espíritu Santo. Así, envuelto en ropaje religioso, se incuba una nueva conciencia histórica que apunta a la temporalidad.

Es desde la intelectualidad del período donde es posible

---

21. Op. Cit. Kahler, Erich, p. 103.
22. Op. Cit. Kahler, Erich, p. 106.

advertir los elementos que definen e identificarán al mundo Occidente (cristianismo, secularización y progreso) y, para entender el relato del Roldán que se centra en el conflicto con Oriente, las bases de la definición de Occidente resultan ser fundamentales.

> "...Occidente se separa de Oriente y comienza a forjar su identidad, los intelectuales comienzan su búsqueda de la Verdad y los caballeros buscan encajar su rol militar dentro del proceso que está viviendo Occidente. Todo se conecta aquí, porque en este caso la búsqueda deriva a un objetivo común.

> La identidad de Occidente se forja en torno al Cristianismo Romano, los avances de la ciencia se dan en torno a la búsqueda de la Verdad y la caballería comienza un camino de redención ante Él, con el fin de trascender".[23]

Es en el siglo XII cuando la institución de la caballería vive una verdadera metamorfosis y superará con creces su misión original de protectora (recuerdo de los bellatores de Aldaberón) a una misión más trascendente, que va más allá de un rol puramente terrenal, y que es la más clara expresión del ascenso del rol de la iglesia en temas terrenales y su misión aglutinante de Occidente.

> "Pero, ¿cómo aparece el ideal caballeresco en el siglo XII, para que se inscriba dentro de este fenómeno? La respuesta apunta a que existe un cambio en la concepción del caballero, a cómo se le ve y se entiende, cómo se relaciona con la sociedad y cómo debe relacionarse con sus pares, cuál es su relación con la guerra y cuál es su rol en tiempos de paz, como entienden la vida y la muerte, y cómo deben vivir la experiencia del baile macabro".[24]

Siguiendo los planteamientos de Javier Alvaradejo este cam-

---

23. Op. Cit. Alvaradejo, Javier, p. 13.
24. Op. Cit. Alvaradejo, Javier, p. 2.

bio comienza con las Cruzadas ya que es en este momento en que el caballero se inviste de una misión que va más allá de la protección, el combate y la batalla:

> "... el ir a pelear en Tierra Santa, más que por el reino o el señorío, por las almas. Y termina siendo plasmado en la literatura, siendo así parte de este proceso del siglo XII."[25]

Lo anterior y, en especial la referencia que hace Alvaradejo a la importancia de la literatura como la fuente en la que se plasma este proceso del siglo XII, da una mayor relevancia a la idea de nuestro trabajo. Si bien es cierto que el trabajo que nos sirve de sustento busca estos elementos en la obra de Chrétien de Troyes, no deja de ser interesante que le asigne a la *Canción de Roldán* un carácter transicional en función de esta metamorfosis:

> "Ahora, si bien la Canción de Rolando tiene este ideal primitivo del guerrero, ya se ve una transición hacia lo que viene, con hombres más sofisticados y esto, sin duda, también cambia la figura del héroe. Pero, en el trasfondo, el héroe sigue siendo el mismo, guiado por los valores terrenos más que los valores trascendentales.
>
> ... El conde, sobrino de Carlomagno, tiene esta ética heroica presente en los relatos anteriores, pero, a diferencia de sus héroes, Rolando se ve un poco más humano (cuando llora al ver las muertes en Roncesvalles y luego su dolor al ver a Oliveros morir) y se le ve más devoto, pero aun así cuando muere no mira al cielo, ni a Dios, sino que a España. Pero, como anteriormente dije, en La Canción de Rolando se ve una evolución del personaje del guerrero, hacia uno más devoto y más humano, no tan heroico como el Beowulf o, simplemente divino como Thor."[26]

---

25. Ibíd. p. 2.
26. Op. Cit. Alvaradejo, Javier. pp. 10 y 11.

En definitiva, son las Cruzadas las que permiten explicar esta metamorfosis histórica que sufre la imagen del caballero y, como lo plantea Maurice Keen,

> "Las Cruzadas suponen una transformación positiva de la manera de vivir caballeresca".[27]

> "...al contemplar las cosas desde un punto de vista eclesiástico, como es natural que solieran hacerlo, los autores religiosos mostraban la tendencia general de describir a la caballería con unos términos preferentemente sacros".[28]

De esta manera es el contexto de la Primera Cruzada la que favoreció esta metamorfosis de la institución de la caballería y que, en palabras de Javier Alvaradejo, le dio un sentido a la vida militar dentro de un mundo cristiano, empezando el camino de la búsqueda trascendental dentro de la naturaleza guerrera.

3. Su personalidad presenta un defecto, es orgulloso, no toca el olifante:

> "Dice Oliveros: Muy crecido es el número de los sarracenos y escaso me parece el de nuestros franceses. Roldán, mi compañero, tocad vuestro olifante: Carlos lo escuchará y volverá el ejército.

> Locura fuera –responde Roldán-. Perdería por ello mi nombre en Francia, la dulce. Muy pronto habré de asestar recios golpes con Durandarte. Sangrará su hoja hasta el oro del pomo. Los viles sarracenos vinieron a los puertos para labrar su infortunio. Os lo juro, a todos les espera la muerte".[29]

4. Su muerte es lenta, entrega su vida al servicio de una causa que sobrepasa su persona, Roldán muere, pero salva a la dul-

---

27. Keen, Maurice. *La Caballería*. Ediciones Ariel, Barcelona, 1986, p. 73.
28. Ibíd, pp. 17 y 18.
29. Ibíd, LXXXIII.

ce Francia:

"Siente Roldán que se aproxima su muerte. Por los oídos se le derraman los sesos. Ruega a Dios por sus pares, para que los llame a Él; y luego, por sí mismo, invoca al ángel Gabriel".[30]

"Roldán siente que se le nubla la vista. Se incorpora, poniendo en ello todo su esfuerzo. Su rostro ha perdido el color".[31]

"Siente Roldán que la muerte arrebata todo su cuerpo: de su cabeza desciende hasta el corazón. Corre apresurado a guarecerse bajo un pino, y se tiende de bruces sobre la verde hierba. Debajo de él pone su espada y su olifante. Vuelve la faz hacia las huestes infieles, pues quiere que Carlos y los suyos digan que ha muerto vencedor, el gentil conde. Débil e insistentemente, golpea su pecho, diciendo su acto de contrición. Por sus pecados, tiende hacia Dios su guante".[32]

"Roldán siente que ha llegado su hora. Está recostado sobre un abrupto altozano, con el rostro vuelto hacia España, con una de sus manos se golpea el pecho:

¡Dios, por tu gracia, mea culpa por todos los pecados, grandes y leves, que cometí desde el día de mi nacimiento hasta éste, en que me ves aquí postrado!

Enarbola hacia Dios el guante derecho. Los ángeles del cielo descienden hasta él".[33]

---

30. Ibíd, CLXVIII.

31. Ibíd, CLXXI.

32. Ibíd, CLXXIV.

33. Ibíd, CLXXV.

IV. El contexto histórico de los siglos VIII y IX

Lo relevante ahora es acercarnos, desde la empatía histórica a develar si el *Cantar de Roldán* responde a las constantes históricas en las que el hecho mismo se verifica. En otras palabras, la idea es develar si los procesos que confluyen en torno a la cuenca del Mediterráneo nos permiten entender el surgimiento de dicha obra épica y, en especial, de su contenido.

Si nos situamos en la llamada Europa Occidental de la época, lo primero que vale la pena analizar es que Europa (el sector occidental de ella) no es una realidad histórica. Me refiero a que el concepto de Europa era muy poco utilizado.

> "Se trataba de un término clásico que se remontaba a Herodoto, y aunque Carlomagno se había autoproclamado *Pater Europae*, el padre de Europa, para el siglo XI el término más común era *Christianitas,* Cristiandad".[34]

Si Peter Watson nos plantea que el concepto no es una realidad para la Europa del siglo XI, difícilmente lo sería para los siglos VIII o IX. Lo significativo es que en torno a la cuenca del Mediterráneo están interactuando tres ejes de poder en que en un tablero de ajedrez se mueven con precisión las piezas: el mundo europeo occidental, el Imperio Romano de Oriente, mal llamado bizantino y la irrupción avasalladora del Islam.

En la Europa occidental la realidad transcurre entre los intereses de los migrantes bárbaros (establecidos como reinos) y el poder de la Iglesia Católica, que más que luchar por

---

34. Watson, Peter. *Ideas. Historia Intelectual de la Humanidad.* Editorial Crítica, Madrid 2006, p. 514.

supremacía, busca un poder temporal que asegure su supervivencia. Para esa fecha, gran parte del mundo bárbaro se había ya cristianizado, de hecho los francos, lo habían hecho desde principios del siglo VI con la conversión de Clodoveo. A pesar de lo anterior no podemos negar que en dicho contexto la iglesia Católica romana y el Imperio de oriente se creían los más genuinos representantes de la tradición cristiana y miraban con admiración los procesos de cristianización del mundo germano.

Lo que es indudable a partir del contexto histórico, es que, desde la fragmentación del Imperio Romano y la instalación de los reinos germánicos, los movimientos verificados en torno al mundo europeo occidental contribuyen al desplazamiento del centro de gravedad desde el Mediterráneo hacia el noroeste de Europa.

Como dice...

> "Desde entonces, el papel principal en la Europa cristiana se traslada al norte... La desagregación del Imperio de Occidente es la desaparición de todo Estado verdadero. Una vez que la unidad romana queda rota, su sistema fiscal se derrumba con ella. La desaparición de la fiscalidad romana es incluso uno de los factores que favorecen la conquista por parte de los pueblos germánicos".[35]

Desde esta perspectiva y en interés directo de lo que he planteado me interesa reflexionar sobre dos consideraciones que estimo relevantes.

En una primera instancia, es importante analizar si la conversión de los pueblos germanos y en especial el caso que nos ocupa, el de los francos, fue un acto de fe o una influencia directa del contexto político del momento. No hay certeza

---

35. Baschet, Jerome. *La Civilización Feudal. Europa del año mil a la colonización de América*. FCE, México, 2009, p. 50.

de este acto en Clodoveo, no son pocos los historiadores (entre ellos Ferdinand Lot) que plantean que la Iglesia Católica, acostumbrada a disponer de un brazo armado que la protegiera desde Teodosio el Grande, y ante la caída de Roma y la posterior iconoclastia bizantina, no encuentra más que en el reino franco esa posibilidad. A luz de la Historia parece que no se equivocaron: gracias a los francos detuvieron el avance de los árabes en Poitiers (Carlos Martel, 732 d.C). Con esto no sólo habrían derrotado a los moros, sino que habrían salvado la civilización cristiana occidental ya que ¿quién, después de los francos, podía detener la ofensiva musulmana en occidente? Y gracias a los francos el papado obtuvo los Estados Pontificios desde la segunda mitad del siglo VIII (concesiones de conquista a los lombardos de Pipino el Breve y del propio Carlomagno).

En segundo lugar, la coronación de Carlomagno como emperador la navidad del año 800 requiere de más de una reflexión. Siguiendo los planteamientos de James Bryce en *El Sacro Imperio Romano*,

> "La coronación de Carlomagno no es sólo el suceso central de la Edad Media, sino también uno de los muy raros acontecimientos de los que, considerados aisladamente, cabe decir que, de no haber ocurrido, la historia del mundo habría cambiado".[36]

La relevancia que plantea Bryce tiene relación con el hecho de que dicho acontecimiento no sólo afectó a la Europa occidental de la época sino que también, y muy poderosamente a la administración del Imperio Romano de Oriente. Sin duda que lo más relevante es que en este hecho subyace la idea, aún arraigada en la época de Carlomagno, del Estado Roma-

---

36. Bryce, James. *El Sacro Imperio Romano*, Ediciones Macmillan, Londres 1987, página 215.

no único e indivisible. Con la coronación de Carlomagno aparece la contradicción de dos emperadores gobernando un Imperio único. Desde la perspectiva conceptual, la idea de un Imperio indivisible no había muerto con la caída del Imperio Romano de Occidente en el año 476, por lo que es posible volver a encontrar la idea no sólo en la Europa de Carlomagno, sino también en la de Justiniano, dos siglos antes.

Lo interesante es cómo confrontamos el concepto con la realidad histórica. Sin duda, a partir de las constantes de la época, la idea del Imperio único era un anacronismo, es decir, la realidad probaba que ese concepto era anticuado. El territorio oriental de fines del siglo VIII (ya más griego-eslavo que romano) y la Europa occidental eran, por su composición etnográfica, por sus convicciones espirituales, por su lengua y por su realidad política, dos mundos diferentes y separados.

Sin duda que la iconoclastia del Imperio Oriental jugó un papel relevante en la explicación de los hechos que permiten comprender el acontecimiento de la navidad del año 800. Las vigorosas protestas del papado y las excomuniones a los iconoclastas son clara expresión de ello. El papado hubo de mirar a occidente, esperaba encontrar la ayuda y protección que, las circunstancias históricas le negaría desde oriente. Por esta razón, el reino franco de los merovingios, de los mayordomos de palacios y, en especial de los carolingios, eran la esperanza para su supervivencia.

Con meridiana claridad, Jerome Baschet hace una breve reseña de lo que significa el ascenso militar de los carolingios, desde una familia aristocrática hasta la coronación imperial de Carlomagno la navidad del año 800. Pipino confirma la dinastía carolingia en el reino franco, apoya al papado en el problema lombardo y es capaz de someter el poder a los derechos de herencia. Su hijo Carlos inicia un largo reinado que le permitirá triunfar sobre los lombardos y los sajones (que favorecerá la integración de Germania a la Cristiandad), las guerras contra los eslavos, los ávaros e incluso la marcha al otro lado de los Pirineos, a la sazón, frágil zona de dominación musulmana. En este proceso la Iglesia Católica tiene mucha importancia: el Papa renueva personalmente la coronación de Pipino el breve en el año 754, le agrega la unción a la manera de los reinados del Antiguo Testamento, entregándole al soberano franco la aureola de sacralidad divina legitimada por la Iglesia; también resulta difícil explicar por la casualidad la presencia de Carlomagno en Roma la navidad del año 800, que permitirá, sin duda en circunstancias bastante ambiguas, su coronación imperial por parte de León III.

Los temas entre Carlomagno y el papado se encuentran bien documentados ya sea por las cartas del *Codex Carolinium* o el *Liber Pontificalis*. Estos documentos nos permiten recrear los intereses complementarios entre el reino franco y el papado. La relación entre el Papa Adriano I y Carlomagno fueron bastante buenas y mutuamente provechosas. La máxima autoridad de la Iglesia occidental se mueve con gran habilidad: ante la presión de los lombardos confía en el rey de los francos pero aún reconoce la soberanía del Imperio de Oriente. Las visitas que Carlomagno hace a Roma el 774 (sitia Pavía y es nombrado Protector de Roma) y el 782 permiten confirmar un pacto de amistad entre los francos y el papado, lo que en la práctica, sin embargo, significaba un nivel de sometimiento de la autoridad espiritual a la autoridad temporal.

A la muerte de Adriano asume León III como Papa. La premura de enviar a Carlomagno las noticias de su elección iba acompañada de promesas de obediencia y fidelidad, es decir, un expreso reconocimiento de la supremacía franca sobre Roma. La Epístola de Carlomagno al papa León III delata esta y otras consideraciones.

> "Así como contraje con vuestro predecesor un vínculo sagrado de paternidad, así deseo establecer con Vuestra Beatitud un vínculo inviolable de fe y caridad; a fin de que con la Gracia de Dios y por las oraciones de los santos, goce por doquier de los efectos de la bendición apostólica, y pueda siempre defender la santa sede de la Iglesia Romana. Puesto que es a mí, con la ayuda de la divina Piedad, a quien pertenece, fuera de las fronteras de Jesucristo, defenderla contra los ataques de los paganos y las devastaciones de los infieles; en su interior fortificarla, haciendo reconocer a todos la fe católica. Y a ti, muy santo padre, ayudar a los esfuerzos de nuestros ejércitos, elevando las manos hacia Dios, como Moisés; a fin de que por vuestra intercesión y por la gracia de Dios, el pueblo cristiano obtenga siempre la victoria sobre los enemigos de su santo nombre, y que el nombre de Nuestro Señor Jesucristo sea glorificado en todo el universo."[37]

A la luz del análisis de dicho párrafo podemos establecer algunas conclusiones que son relevantes: en primer lugar, Carlomagno confirma el rol del mundo franco como el brazo armado de la cristiandad y de la importancia de protegerla en el interior ("...haciendo reconocer a todos la fe católica") y en el exterior ("...por la gracia de Dios, el pueblo cristiano obtenga siempre la victoria sobre los enemigos de su santo nombre, y que el nombre de Nuestro Señor Jesucristo sea glorificado en todo el universo"); en segundo término, la Iglesia no parece un poder consolidado, está muy preocupada de su supervivencia, siente la amenaza interna y externa y confía en el bárbaro franco esta responsabilidad. Todo lo anterior delata que Carlomagno tiene clara conciencia de su misión, cual es defender a la iglesia de los paganos y de los infieles y mante-

---

37. Tessier, G. *Les hommes. Charlemagne, Le memorial des siecles, Albin Michel, Paris, 1967, un volumen in-8°, cartes el fac-similes, broche*, página 385.

ner la pureza de la fe, con lo que, indirectamente, limita la misión del Papa a la oración ("orar por el rey y sus ejércitos"). En definitiva, el poder temporal es el estratégico y el mundo espiritual se encuentra amenazado, siente esta amenaza y está incluso dispuesto a convertir al poder temporal en la verdadera cabeza de la Iglesia. Es fundamental recalcar aquí que al coronar a Carlomagno, el emperador en este nuevo Imperio Cristiano quedará por sobre el papado. Esta situación se mantendrá hasta el siglo XI.

Lo anterior no solo es documentado a partir de la correspondencia epistolar entre Carlomagno y el Papado sino también de otras circunstancias: el testimonio de un sacerdote irlandés, Cathwulf, que sin pertenecer a la corte de Carlomagno, y que vive y escribe desde Inglaterra, nos lega una carta exhortatoria que remitió en el año 775. Desde la abadía de Saint-Denis calificó a Carlomagno como "soberano de Europa" que en la práctica significaba reconocerlo como soberano de todas las naciones cristianas de Europa occidental. Esto se veía justificado en el hecho de que la expansión del reino franco hacía coincidir sus territorios con los de la cristiandad latina. La carta eleva a Carlomagno a la condición de vicario de Dios Padre, es decir, del Creador, mientras los obispos son solo vicarios de Cristo y donde el Papa era el obispo de Roma. Una nueva referencia, en esta misma línea, puede encontrarse en unos mosaicos mandados a pintar por León III. Son dos, en uno de ellos aparece Cristo entregando las llaves del cielo a San Pedro y una bandera a Constantino y, en la segunda, San Pedro entrega una bandera a Carlomagno y un palio a León III, es decir, San Pedro le da la bandera a Carlos y no al Papa. En la misma coronación de Carlomagno no se menciona la unción por parte del Papa, Eginardo deja entrever que fue más un acto de homenaje de León al emperador, lo que queda demostrado en que el Papa se postraría ante Carlos en la Basílica Vaticana; e incluso el testamento de Carlomagno, consignado por Eginardo, permite percibir que para el emperador el Papa era considerado el primer metropolitano de su reino, un obispo plenamente integrado a la iglesia franca, cuyo jefe real y único era Carlos.

En este momento me quiero permitir una evaluación con cierta distancia histórica que sirve de manera especial a la idea de este trabajo. Si bien es cierto que las relaciones entre Carlomagno y el papado se han expresado en un nivel de dependencia del último con respecto al primero, no es menos relevante recalcar que, en el largo plazo, esta relación permitió acrecentar grandemente el prestigio de la Santa Sede. Sin duda, esto fue fundamental para acelerar enormemente un proceso lento (que duró siglos) el que paulatinamente fue convirtiendo al Papa, de su original rol de obispo de Roma, casi en igualdad de condiciones con los obispos de otras diócesis importantes y, para algunos, en una posición inclusive inferior al Patriarca de Constantinopla, en el verdadero Jefe de la Cristiandad y la más clara fuerza aglutinadora de la Europa Occidental.

Más allá de la discusión histórica de que si Carlos sabía o no de su coronación imperial por el Papa León III en la navidad del año 800 (para algunos lo sabía desde la dieta de Paderborn) lo relevante es el conflicto que esto generó con el Imperio Romano de Oriente.

> "El acontecimiento del año 800 significa pues la ruptura de uno de los últimos puentes entre Oriente y Occidente, cuyo progresivo alejamiento conducirá al cisma de 1054, entre las iglesias católicas y ortodoxas"[38]

> "El íntimo contacto que en adelante mantuvo el Papado con Occidente dio como resultado una amalgama de elementos

---

38. Op. Cit. Baschet, Jerome, página 72.

germánicos con otros romanos y cristianos, proceso facilitado por las condiciones especialmente favorables que existieron tan pronto cesó la oleada de las invasiones. En el norte de Italia entre los lombardos, así como en Francia y en España, predominaron unas condiciones de paz y orden que facilitaron enormemente la difusión de la ideología política del Papado. El divorcio entre Oriente y Occidente se hizo con ello cada día más profundo. Surgió una nueva civilización de carácter viril, recio, optimista, una civilización tan romano-latina como germánica, y que por entonces demostraba escaso aprecio por la profundamente elaborada y madura cultura de Oriente."[39]

En el mundo oriental la original romanidad del imperio empezó a complicarse a partir de la Dinastía de los Heraclios. Lo anterior se percibe con claridad a principios del siglo VIII (711) en que el griego es su lengua oficial, los títulos de emperador y augusto son reemplazados por el de *basileus*, elementos concretos que permiten reforzar el proceso de separación del Imperio Oriental de su tradición latina. Este Imperio Romano de Oriente que había alcanzado su máximo esplendor bajo el gobierno de Justiniano (527-565) justo en el momento en que el mundo occidental atraviesa por una de sus etapas de mayor confusión. Al control de toda la cuenca oriental del Mediterráneo (Grecia, Anatolia, Siria, Palestina y Egipto) le agregaron, de manera temporal, las costas adriáticas, Italia y África del norte. Las pestes, las guerras y la ofensiva árabe plantean, para el mundo Oriental, un escenario muy distinto a partir del siglo VII. Los persas se toman Damasco y Jerusalén; la ofensiva islámica los llevó a perder Siria y Egipto. La presión de los eslavos y luego de los búlgaros en el norte, el Imperio Romano de Oriente aparece ya,

---

39. Ullmann,Walter. *Historia pensamiento político en la Edad Media*, Ariel, Barcelona, 2006, página 51.

desde fines del siglo VII y hasta inicios del siglo IX como un Imperio sitiado, a partir de entonces reducido a una parte de los Balcanes (Peloponeso) y a Anatolia, con lo que su población será esencialmente griega.

En dicho escenario de graves amenazas externas, los conflictos religiosos al Interior del Imperio serán una nueva fuente de debilitamiento. La crisis iconoclasta divide por un largo tiempo (730-843).

> "Para los emperadores iconoclastas, el culto de las imágenes es la causa de las desdichas del Imperio, y el pueblo de los bautizados, igual que los hebreos del Antiguo Testamento, tiene que volver a encontrar la benevolencia de Dios expurgando sus inclinaciones idólatras".[40]

En definitiva, desde el siglo VIII la Europa Oriental y Occidental eran por su lengua, por sus características etnográficas y por sus intereses espirituales, dos mundos diferentes, distintos y separados: Carlomagno, y para el mundo occidental, su ascensión al trono lo convertía en el señor único y continuador de los emperadores del Imperio Romano cristiano; mientras que el mismo hecho era visto por los bizantinos como uno de los tantos intentos de insurrección de las provincias occidentales contra el soberano legal del Imperio. La tendencia helenizante del mundo oriental, que se profundiza con el tiempo y lo aleja de su romaneidad originaria (como Imperio), delegará en el guerrero bárbaro y pobre (por oposición al rico y civilizado bizantino) la tradición romano-cristiana (Occidental y Oriental) que comienza a verse amenazada por una potente fuerza que ingresa al Mediterráneo, el Islam.

────────────

40. Op, Cit. Baschet, Jerome. páginas 80 y 81.

V. El Islam en los siglos VII y IX

No es nuestro interés evocar los orígenes del Islam, pero sí destacar que la adopción de una religión monoteísta -en los pueblos árabes- va a crear una nueva civilización y una fuerza política y militar de consecuencias incalculables. Póngase atención a los siguientes hechos: Mahoma recibe sus primeras revelaciones hacia el año 610; se verifica la hégira el 622; la unificación de Arabia a la muerte del profeta en el 632; la conquista de Siria, del Imperio Persa de los sasánidas y de Egipto bajo los tres primeros califas (632-656); luego las conquistas de Pakistán y, en el 711, la España de los visigodos. La religión como elemento "Islamizador" será potente en territorios asiáticos y africanos y generará conflictos en los territorios europeos cristianos, pero la realidad hacia principios del siglo VIII es que las regiones que van del Atlántico al Indo se integran en un mismo conjunto político.

"La rápida y amplia divulgación del Islam ya en sus primeros tiempos fue única e incomparable como desarrollo histórico. Este éxito reforzó la confianza en sí misma y la conciencia de misión de la joven comunidad musulmana, y los musulmanes lo consideran hasta hoy como una especie de "demostración histórico-empírica" de la fuerza irresistible del Islam y de las intenciones de Alá de propagar rápidamente su religión (restablecida) por toda la faz de la tierra. Las tropas musulmanas se apoyaron desde el principio en el fanatismo religioso y el ímpetu de lucha, pero a la muerte del profeta tuvieron también la suerte histórica de encontrarse con los imperios de Bizancio y Persia (imperio de los sasánidas) militarmente agotados, pues, desde el año 610 se habían debilitado mutuamente en luchas sangrientas".[41]

---

41. Hattstein, M. y Delius, P. Islam. *Arte y Arquitectura*. Ediciones Ullmann,

A partir del califato de los Omeyas, la capital se traslada a Damasco y el imperio islámico adquiere una mayor estabilidad. Sobre la base de las prácticas administrativas de los imperios anteriores (romano de oriente y persa), iniciarán una política que proclama la ruptura con el pasado: imponen el árabe como única lengua escrita, acuñan su propia moneda, construyen sus mezquitas por encima de templos judíos o territorios sagrados de los cristianos, es decir, buscan con ello afirmar la supremacía de su religión sobre las otras religiones monoteístas.

"Ya en el año 673 las tropas musulmanas habían sitiado por mar y por tierra Constantinopla, capital del Imperio bizantino. Pero en el año 678 tuvieron que retirarse tras una derrota. En el año 717 estaban otra vez ante las puertas de la ciudad y pudieron ser repelidos con mucho esfuerzo; de todos modos consiguieron el control de gran parte de las lejanas rutas comerciales y ocasionaron severos estragos en la economía del Imperio. Los disturbios interiores durante el califato de Otmán y de Alí y la necesaria consolidación interna bajo los primeros califas omeyas moderaron entre tanto la expansión del Islam, aunque a finales del siglo VII la joven religión se abrió camino hacia el este. El gobernador de Irak, al- Hadjadj (muerto en el año 714), fue el impulsor de esta expansión oriental y dispuso hacia el año 694 una campaña hacia Asia central y la India. Las tropas tomaron, hasta el año 711, primero Afganistán y parte de la actual Pakistán. Desde allí conquistaron hacia el 704 las ciudades de Bujara y Samarcanda, así como parte del Turkestán, mientras que otros contingentes de tropas llegaban hasta Beluchistán cruzando el Oxus y conseguían establecerse en el delta del Indo. La expansión fulgurante del Islam por el Asia central parecía una marea imposible de detener; hacia el año 724 Tashkent y Transoxiana se convirtieron también al Islam. El mundo oriental del Islam había nacido".[42]

Barcelona, 2004, página 31.

42. Ibíd, página 33.

Los esfuerzos de conquista de los omeyas también se canalizaron hacia el oeste. El Africa septentrional se convirtió en un espacio de expansión islámica que les permitió dominar la actual Tunicia y, en el 705, conquistaron Cartago. Lo anterior permitió que los nativos bereberes se incorporaran al ejército árabe. Las fuerzas conjuntas, árabes y bereberes, conquistaron los territorios que hoy forman España y Portugal hasta llegar a la zona occidental de la actual Francia, donde en el año 732 fueron detenidos en Poitiers por el abuelo de Carlomagno, Carlos Martel. La cristiandad sentía la amenaza del Islam.

El reemplazo de la dinastía de los omeyas por la de los abasíes consagra la supremacía persa y establece una nueva capital en Bagdad. Irak se convierte así en el corazón del imperio con lo que el Islam adquiere un rostro definitivo y francamente oriental, llegando a su apogeo en la administración de Harún al Rashid (786 al 809).

> "De un modo más sistemático que los Omeyas, los Abasíes trataron de justificar su dominio en términos islámicos. Desde el principio utilizaron símbolos religiosos. El califa afirmó que gobernaba por autoridad divina, como miembro de la familia del Profeta. Sostuvo también que gobernaba en armonía con el Corán y las normas de conducta recta, definida cada vez más por referencia al comportamiento habitual del profeta (sunna)"[43]

Desde el siglo IX las corrientes espirituales al interior del Islam van a provocar que luchas anteriores se intensifiquen. Sunitas y chiitas terminarán favoreciendo el desmembramiento del Imperio que se divide en dinastías provinciales cuyos gobernantes adoptan el título de califa, de tal forma que el

---

43. Hourani, Albert, *La historia de los árabes*, Ediciones B, Barcelona, 2010, página 63.

califato de Bagdad ve disminuida, poco a poco, su original importancia. Esto mismo puede explicar las tendencias separatistas de Zaragoza a finales del siglo VIII y que convocarían la presencia de Carlomagno en tierras españolas.

VI. EL CONTEXTO HISTÓRICO DE LOS SIGLOS XI Y XII

El conflicto de la cristiandad con el Islam, en los términos que aparece en el *Cantar de Roldán*, puede ser contextualizado tanto en el siglo VIII (recuérdese las expediciones musulmanas por la cuenca mediterránea, su ingreso a España y la amenaza para los territorios al otro lado de los Pirineos), como en el siglo XI (recuérdese la reactivación de la lucha contra el infiel musulmán producto de las cruzadas). El hecho de haber tomado un acontecimiento muy menor de la expedición de Carlomagno y de tergiversar al verdadero adversario convierte, desde mi perspectiva, al *Cantar de Roldán* en una gesta entre Oriente y Occidente situada desde fines del siglo XI y que se explica por el sentido de Cruzada que inunda la época.

> "Las personas que vivieron en esa época sabían perfectamente lo que era una cruzada. En los escritos de los cronistas, de los apologistas y los canonistas, así como las expresiones empleadas por quienes redactaban cartas papales, podemos identificar las señales que informaban a los fieles que se estaba predicando una cruzada. En primer lugar, los participantes, o algunos de ellos, eran llamados a "aceptar la cruz", lo cual quería decir que debían prestar juramento antes de incorporarse a una expedición militar con objetivos concretos. Desde ese momento, los cruzados debían lucir una cruz de tela en su ropa de forma permanente hasta que se cumplía el juramento. Su juramento era especial,... su aspecto más relevante es que se pronunciaba en una ceremonia pública y formal en la que hombres y mujeres, ricos y pobres, sacerdotes y laicos, prometían voluntariamente participar en la campaña y se les reconocía como miembros de la iniciativa".[44]

---

44. Ryley-Smith, Jonathan. *¿Qué Fueron las Cruzadas?* Ediciones Acantilado,

Para lo anterior, nos resulta de mucho interés rescatar documentos o frases que hayan explicado el concepto en esta época. Los planteamientos nacen con fuerza y claridad de las palabras de Urbano II cuando predica, desde Clermont, la Primera Cruzada. El relato hecho por Roberto el Monje, aunque extenso, resulta muy interesante para este trabajo.

> "El año de la encarnación de 1095, se reunió en la Galia un gran concilio en la provincia de Auvernia y en la ciudad llamada Clermont. Fue presidido por el Papa Urbano II, cardenales y obispos; ese concilio fue muy célebre por la concurrencia de los franceses y alemanes, tanto obispos como príncipes. Después de haber regulado los asuntos eclesiásticos, el Papa salió a un lugar espacioso, ya que ningún edificio podía contener a aquellos que venían a escucharle. Entonces, con la dulzura de una elocuencia persuasiva, se dirigió a todos: "Hombres franceses, hombres de allende las montañas, naciones, que vemos brillar en vuestras obras, elegidos y queridos de Dios, y separados de otros pueblos del universo, tanto por la situación de vuestro territorio, como por la fe católica y el honor que profesáis a la santa Iglesia, es a vosotros que se dirigen nuestras palabras, es hacia vosotros a quien se dirigen nuestras exhortaciones: queremos que sepáis cuál es la dolorosa causa que nos ha traído hasta vuestro país, como atraídos por vuestras necesidades y las de todos los fieles. De los confines de Jerusalén y de la ciudad de Constantinopla nos han llegado tristes noticias; frecuentemente nuestros oídos están siendo golpeados; pueblos del reino de los persas, nación maldita, nación completamente extraña a Dios, raza que de ninguna manera ha vuelto su corazón hacia Él, ni ha confiado nunca su espíritu al señor, ha invadido en esos lugares las tierras de los cristianos, devastándolos por el hierro, el pillaje, el fuego, se ha llevado una parte de los cautivos a su país, y a otros a una muerte miserable, ha derribado completamente las iglesias de Dios, o las utiliza para el servicio de su culto; esos hombres derriban los altares, después de haberlos mancillado con sus impurezas; circuncidan a los cristianos y derraman la sangre de los circuncisos, sean en los altares o en los vasos bautismales; aquellos que quieren hacer morir de una muerte vergonzosa, les perforan el ombligo, hacen salir las extremidad de los intestinos, amarrándola a una estaca; después, a golpes

de látigo, los obligan a correr alrededor hasta que, saliendo las entrañas de sus cuerpos, caen muertos. Otros, amarrados a un poste, son atravesados por flechas; a algunos otros, los hacen exponer el cuello y, abalanzándose sobre ellos, espada en mano, se ejercitan en cortárselo de un solo golpe. ¿Qué puedo decir de la abominable profanación de las mujeres? Sería más penoso decirlo que callarlo. Ellos han desmembrado el Imperio Griego, y han sometido a su dominación un espacio que no se puede atravesar en dos meses de viaje.¿A quién pertenece pues castigarlos y erradicarlos de las tierras invadidas, sino a vosotros, a quien el Señor ha concedido por sobre toda las otras naciones la gloria de las armas, la grandeza del alma, la agilidad del cuerpo y la fuerza de abatir las cabezas de quienes os resisten?Que vuestros corazones se conmuevan y que vuestras almas se estimulen con valentía por las hazañas de vuestros ancestros, la virtud y la grandeza del rey Carlomagno y de su hijo Luis, y de vuestros otros reyes, que han destruido la dominación de los Turcos y extendido en su tierra el imperio de la santa Iglesia. Sed conmovidos sobre todo en favor del santo sepulcro de Jesucristo, nuestro Salvador, poseído por pueblos inmundos, y por los santos lugares que deshonran y mancillan con la irreverencia de sus impiedades. Oh, muy valientes caballeros, posteridad surgida de padres invencibles,no decaed nunca, sino recordad la virtud de vuestras ancestros; que si os sentís retenidos por el amor de vuestros hijos, de vuestros padres, de vuestras mujeres, recordad lo que el Señor dice en su evangelio: "Quien ama a su padre y a su madre más que a mí, no es digno de mí" (Mt 10,37). "Aquel que por causa de mi nombre abandone su casa, o sus hermanos o hermanas, o su padre o su madre, o su esposa o sus hijos, o sus tierras, recibirá el céntuplo y tendrá por herencia la vida eterna" (Mt, 19,29). Que no os retenga ningún afán por vuestras propiedades y los negocios de vuestra familia, pues esta tierra que habitáis, confinada entre las aguas del mar y las alturas de las montañas, contiene estrechamente vuestra numerosa población; no abunda en riquezas y apenas provee de alimento a quienes las cultivan; de allí procede que vosotros os desgarréis y devoréis con porfía, que os levantéis en guerras, y que muchos perezcan por las mutuas heridas. Extinguid, pues, de entre vosotros, todo rencor, que las querellas se acallen, que las guerras se apacigüen y que todas las asperezas de vuestras disputas se calmen. Tomad la ruta del Santo Sepulcro,arrancad esa tierra de pueblos abominables y sometedlos a vuestro poder. Dios dio a Israel esa tierra en propiedad, de la cual dice la Escritura que "mana leche y miel" (Nm, 13,28); Jerusalén es el centro; su territorio, fértil sobre todos los demás, ofrece, por así decir, las delicias de otro paraíso: el Redentor del género humano la hizo ilustre con su venida, la honró residiendo en ella; la consagró con su Pasión, la rescató con su muerte y la señaló con su sepultura".[45]

Este texto tiene el valor de contextualizarnos en torno a aspectos sensibles -en diversos aspectos- para este trabajo:

1. El relato nos recrea con claridad el ambiente de la época, la cristiandad que se ve amenazada por un pueblo que ha desmembrado el Imperio Griego (el Papa no le asigna un carácter latino y el mundo bizantino, a pesar de ser cristiano es un Otro) y dominan un espacio que no se puede atravesar en dos meses de viaje.

2. La Iglesia es ahora la convocante, es ella la única instancia terrenal capaz de reunir a un mundo político debilitado, en especial, por las guerras internas a que los ha llevado el sistema feudal (sobre este tema volveré un poco más adelante).

> "El segundo indicio de que se estaba preparando una cruzada era que quienes tomaban la cruz respondían a un llamamiento que solo podía hacer el papa en calidad de vicario o representante de Cristo".[46]

3. La Cruzada es una Guerra Santa que no se puede perder ya que ellos son el pueblo elegido y querido por Dios, a quien el Señor ha concedido la gloria de las armas y la fuerza para abatir a sus enemigos.

> "En cuarto lugar, los cruzados se benefician de las indulgencias..., la indulgencia expresaba que el rasgo más característico de las cruzadas era su naturaleza penitencial. Los cruzados se

---

45. Le Moine, Roberte. *Histoire de la Premier Croisade*, Ed. Guizot, Paris, 1825, páginas 301-306. Traducida del francés por José Marín.

46. Op. Cit. Ryley-Smith, Jonathan, página 26.

comprometían a combatir como un acto de penitencia por medio del cual devolvían a Dios lo que le debían por haber pecado. Solo el papa o sus representantes podían conceder una indulgencia, y eran las referencias a ello en las cartas papales lo que realmente informaba a la gente que se estaba promoviendo una cruzada".[47]

La lucha es además, contra el infiel, contra esa raza maldita que nunca ha adorado a Dios. Un pueblo de infieles que roba, saquea y profana los Santos Lugares. Los conceptos que se emiten contra la población islámica están en completa sintonía, como veremos más adelante, con la descripción antojadiza, interesada y, por qué no decirlo, hasta desinformada, que se refleja en el *Cantar de Roldán*.

4. La guerra es santa porque además de ofrecer la inmortalidad espiritual también ofrece interesantes premios terrenales que Dios había entregado al pueblo de Israel (que ya no era el pueblo elegido según la concepción cristiana) y por tanto, a ellos corresponde la tierra consagrada por Jesucristo, tierra fértil de la que mana leche y miel.

> "En tercer lugar, como consecuencia de sus votos y de la ejecución de las acciones prometidas, los cruzados obtenían ciertos privilegios harto conocidos. Éstos dependían del propio desarrollo de las campañas y en ocasiones se añadían nuevos derechos a los concedidos inicialmente, pero a todos los cruzados se les aseguraba que sus familias, intereses y bienes serían protegidos en su ausencia".[48]

Llama la atención que el Papa exprese que la tierra de los elegidos no sea próspera y que en su escasez se justifiquen la mayoría de los conflictos al interior de la Cristiandad.

5. Existe un acto iniciático, en torno al cual reflexiona el

---

47. Ibíd. Página 26.
48. Ibíd. Página 26.

Papa y que resulta fundamental para este trabajo. Los convocados en Clermont deben seguir la obra de sus antepasados, de Carlomagno y de Luis el Piadoso. No es raro que el monje anglonormando Turoldo, cuando 5 años después pone por escrito el *Cantar de Roldán*, haya querido convertir el acontecimiento de los Pirineos de fines del siglo VIII en un poderoso instrumento de propaganda a favor de la Cristiandad. Turoldo hace eco al llamado de Urbano en Cleremont. Es el espíritu mismo de la Cruzada lo que aparece como el corazón y *ethos* del Cantar de gesta.

Así, las Cruzadas comenzaron formalmente un jueves 27 de noviembre del año 1095, en la ciudad de Clermont-Ferrand, más específicamente, en sus extramuros. Urbano II, ante una enorme congregación de seglares y clérigos que asistían a una sesión conciliar entregó su sermón en el que llamó a su audiencia a unirse a un plan de Cruzada. La respuesta fue positiva y abrumadora. Los obispos asistentes serían los encargados de reclutar más fieles en sus respectivas administraciones. Se diseñó también, la estrategia básica para agosto de 1096, en la que diferentes grupos de cruzados iniciarían el viaje. Cada grupo funcionaría de manera autosuficiente (elegirían su propio líder y buscarían financiamiento) hasta llegar a Constantinopla donde se reagruparían. "La Ciudad" sería la base de operaciones y con el apoyo del Imperio de Oriente y su ejército, se atacaría a los Selyúcidas que amenazaban a la Cristiandad con la conquista de Anatolia. Dominada la región, los objetivos siguientes serían Siria y Palestina, siendo Jerusalén, el objetivo fundamental. El llamado de Urbano generó una respuesta mucho mayor a la esperada, lo que permite medir el carácter convocante del poder espiritual.

Resulta interesante en este momento, destacar los planteamientos de Friedrich Schragl, en su *paper* "*Cruzadas*", donde plantea un tema interesante y que confirma el ascenso del poder espiritual en Europa.

> "La idea de cruzadas no nació exclusivamente del deseo de liberar la Tierra Santa. Sus raíces están en Europa, especialmente en Francia; y, curiosamente, tuvo mucho que ver con el esfuerzo en favor de la "paz de Dios". De suyo, la guerra era competencia del rey, al que tocaba mantener la paz interior y exterior. Con el desmoronamiento de la autoridad del rey en el sur de Francia, durante los siglos IX y X se incrementaron notablemente las contiendas y la depredación de los bienes de la iglesia. De ahí que los obispos y los sínodos exigieran la paz de Dios. Para llevarla a cabo se formaron milicias de paz dispuestas a luchar («¡Guerra a la guerra!»). Un sacerdocio fuerte se hizo cargo, pues, de las obligaciones de una realeza débil. Esto fue una de las causas que llevó a la idea de la guerra santa. Otra de las raíces proviene de san Agustín, que permitía la guerra defensiva en favor de los creyentes".[49]

La cita es aclaratoria. A diferencia de lo que habíamos analizado en la Epístola de Carlomagno al Papa León III, que nos había permitido afirmar que las relaciones entre la espada y el báculo se daban en términos de dependencia del segundo con respecto al primero, en una época en que el poder temporal era el estratégico y el mundo espiritual se encontraba amenazado y está incluso dispuesto a convertir al poder temporal en la verdadera cabeza de la Iglesia. De ahí nació posteriormente la sacralización de la nobleza: el caballero se obliga solemnemente a defender el bien de los pobres, de las viudas y de la iglesia. Con el tiempo se intensificó también la disposición a luchar por la cristiandad contra enemigos externos, especialmente contra el Islam. Solo habían pasado casi trescientos años y esta tendencia, tal como la esbozáramos,

---

49. Schragl, Friedrich. "Cruzadas". Artículo en: http://www.mercaba.org/IGLE-SIA/Historia/Varios/Historia%20Iglesia%20Cat%C3%B3lica-Lenzenweger-14.pdf, Madrid 1990, páginas 1 y 2.

se había revertido. Tal como plantea la cita, el poder temporal pierde la capacidad de mantener la paz en el interior y en el exterior, por lo que un sacerdocio fuerte se hizo cargo de una realeza débil y lidera, desde su capacidad aglutinadora y convocante, a la cristiandad en el logro por la paz interior y la lucha contra el "infiel" en el exterior. Como afirma el mismo Schragl:

> "La empresa de Cruzada había puesto en manos del papado la dirección de la cristiandad occidental".[50]

No son pocos los autores los que destacan relaciones armoniosas entre la cristiandad y el Islam durante el mundo medieval y advierten una instancia de enriquecimiento y crecimiento cultural entre ambos mundos. Personalmente, creo que no son extraños, pero así como el mundo de la Guerra Fría pasó por momentos de tensión y distensión entre el Occidente Capitalista y el Oriente Socialista, lo mismo pasó en el mundo del Medioevo entre el Occidente Cristiano y el Oriente Musulmán. El ingreso del Islam en la cuenca del Mediterráneo, alteró fuertemente los equilibrios de poder entre los imperios o reinos cristianos. Desde finales del siglo VII y principios del VIII el mundo bizantino se jibarizó notablemente ante la irrupción de la medialuna y el cristianizado reino visigodo, con Don Rodrigo a la cabeza, entregándose rápidamente a manos musulmanas. El Papado vio la amenaza y logró la unión con el reino franco de Clodoveo (en búsqueda del brazo armado al que la Cristiandad se había acostumbrado como ya relatamos anteriormente). El siglo XI también fue de tensión, más allá de la "Cuestión de Jerusalén":

> "... la conquista de algunos territorios del Próximo Oriente por los europeos occidentales a fines del siglo XI, debe en-

---

50. Ibíd, página 5.

tenderse, ante todo, en el marco de cambios internos y modificaciones de las relaciones mutuas entre las tres civilizaciones que compartían el Mediterráneo (Bizancio, Islam, Europa), sobre todo entre estas dos últimas pues hay una conquista del Mediterráneo occidental y un paralelo impulso conquistador en la península ibérica desde los primeros decenios del siglo XI que se realiza a costa de los musulmanes: Cerdeña y Córcega caen en manos de pisanos y genoveses y Sicilia en la de los normandos en el segundo tercio del siglo XI, las Baleares son atacadas en diversas ocasiones desde 1016 a 1115, los puertos tunecinos se convierten a fines del siglo XI en objetivo militar y mercantil. Desde el último tercio del siglo penetra en los reinos hispanocristianos una mentalidad ultrapirenaica propia ya de la cruzada, que concibe el combate contra el infiel sobre la base de justificaciones principalmente religiosas, mentalidad traída por los caballeros franceses que se superpone a las tradicionales causas de hostilidad frente a Al-Andalus, precisamente en el momento de transformación del Islam occidental por los almorávides".[51]

A partir de la lectura del texto anterior, podemos establecer que en el contexto del *Roldán* se estaba viviendo, en torno a los equilibrios de poder en el Mediterráneo, un período álgido en el conflicto entre el Islam y la cristiandad y que puede ser constatado por la fuerza con la que San Bernardo convoca a los cruzados a terminar los conflictos locales entre Señores Feudales e integrase a una hazaña heroica y trascendente:

"¿Qué furor os arrebata, desventurados, para hundir vuestra espada en el corazón de vuestro hermano, arrancándole junto con la vida del cuerpo la del alma? ¿El vencedor puede glorificarse? en tales combates de haber muerto a su propia alma cuando se alegra de haber matado a su enemigo! El lanzarse a tales combates no es rasgo de bravura y audacia, sino más

---

51. Ladero, Miguel. *Historia Universal*. Edad Media, Volumen 2. Vicens Vives S.A., Barcelona, 1996, página 658.

bien de locura de insania y frenesí. Ea, yo os ofrezco, pueblo belicoso, bizarros soldados, yo os ofrezco un palenque donde luchéis sin exponeros a ningún peligro, donde podáis vencer con gloria verdadera, y donde la misma muerte os sea ventajoso premio".[52]

La segunda cruzada se organizó con motivo de la caída de Edesa (1144). El papa Eugenio III encargó a Bernardo de Claraval la prédica de la cruzada. Y este respondió, tal como se lo hace ver en un escrito posterior dirigido al Papa:

"Me lo ordenasteis y obedecí. La autoridad del que me mandaba hizo fecunda mi obediencia. Abrí mis labios, hablé y se multiplicaron los cruzados, de suerte que quedaron vacías las ciudades y castillos, y difícilmente se encontraría un hombre por cada siete mujeres".[53]

Es en el siglo XI donde situamos con mayor claridad la idea de la Guerra Santa. En el contexto de la Primera y Segunda Cruzada, el temor al *Otro*, que queda claramente establecido en el *Cantar de Roldán*, era un sentimiento siempre presente. Como no asumir que en la mentalidad colectiva perduraban las invasiones de vikingos y sajones (ya, hacia el siglo XI, cristianizados). Aún más, una serie de temores apocalípticos (después de la crisis del primer milenio se empiezan a estructurar las teorías milenaristas de las cuales Joaquín de Fiore será uno de sus más grandes exponentes en el siglo siguiente) aumentaban el temor a cualquier alteridad. En este proceso, la Iglesia buscó restringir los conflictos al interior de la cristiandad y enfocar los esfuerzos militares hacia el aniquilamiento del *Otro*, en este caso el infiel musulmán. Contemporáneo a la *Canción de Roldán* (supuestamente se canta

---

52. San Bernardo, *Obras Completas*. V: Epistolario. Barcelona, 1929, pp. 682-685, Carta CCCLXIII.

53. Op. Cit. Claraval, Bernardo, página 690.

por primera vez en la Batalla de Hastings, en el año 1066), el Papa Urbano II y luego San Bernardo hacen un llamado de cruzada para recuperar los lugares santos y expulsar de Oriente a los paganos que alteraban el reino de Dios que sólo podría ser restablecido por la imposición de la verdadera fe.

En este aspecto quiero apoyarme en la narración que hace el *Cantar de Roldán* de la toma de Zaragoza por parte de Carlomagno en la campaña de fines del siglo VIII. Ya sabemos que ese hecho histórico jamás se produjo y que sólo se verificaría hacia el año 1118, con la conquista realizada por Alfonso I de Aragón. Me interesa detenerme en el tenor del relato:

> "El emperador ha tomado Zaragoza. Mil franceses han sido encargados de reconocer a fondo la ciudad, sus sinagogas y sus mezquitas. Con mazas de hierro y grandes hachas destrozan las imágenes y todos los ídolos: no perdurará allí ningún maleficio ni sortilegio. El rey cree en Dios; quiere servirlo debidamente, y sus obispos bendicen las aguas. Hace llevar a los infieles hasta el baptisterio; si alguno resiste ante Carlos, el rey lo manda colgar, o le da muerte por el fuego o el acero. Más de cien mil se vuelven verdaderos cristianos por el bautismo, excepto la reina, que será conducida a Francia, la dulce, en cautiverio: el rey quiere que se convierta por amor".[54]

El relato es de una guerra santa, donde su máximo líder, el emperador no puede conceder ni paz ni amor a un pagano. Esta es la forma en que el autor del *Roldán* y todos los cristianos de la época previeron la Conquista de Jerusalén

Todo está armado en el transcurso del siglo XI, se ha construido un concepto claro, las cruzadas se preparan mediante una propaganda (el vehículo era la Iglesia a través de sus prédicas que llegaban a todos los hombres y mujeres de la época)

------

54. Op. Cit, Turoldo, CCLXVI.

que pone a Mahoma y sus seguidores en el punto de mira de los odios cristianos. El cantar épico del *Roldán* es el mejor testigo que tenemos de ese instante en que se entrelazan los recuerdos del conflicto cristiano-musulmán en la frontera de los Pirineos que separaba, por allá a fines del siglo VIII, esos dos mundos. Desde ahora se revive el conflicto y se construye casi una mitología que se resume en el duelo entre el caballero cristiano y el musulmán. La lucha contra el "infiel" se convierte en la meta finalidad del ideal caballeresco.

VII. LA ÉPICA MEDIEVAL

Sin duda que la épica como género tiene una serie de características distintivas que la elevan a una categoría de universalidad. Para ello quiero introducir este capítulo con una cita del texto, *La Épica Medieval* de los profesores Valverde y De Riquer, en el que plantean:

> "En las más distintas y alejadas culturas ha existido o existe todavía una poesía tradicional que celebra las hazañas de los antepasados, las victorias del propio pueblo y las guerras contra los vecinos y opresores; que encomia el valor de los héroes muertos gallardamente, y que narra traiciones, venganzas y luchas internas. Es tarea difícil trazar un inventario de la poesía heroica universal, en el que entrarían obras aparentemente tan diversas como los poemas griegos Iliada y Odisea, el asiático Gilgamesh (conservado en fragmentos babilónicos, hititas y asirios), los ugaríticos Aqhat y Keret, el germánico Hildebrand, los anglosajones Beowulf, Maldon, Brunanburth, etc., los Edda escandinavos, el francés Cantar de Roldán y el castellano Cantar del Cid".[55]

La Épica es, por tanto, un género universal, presentándose en poemas muy diversos y que surgieron de culturas tan distantes geográfica como temporalmente. Lo anterior no es un obstáculo para percibir importantes similitudes entre obras de espacios y tiempos históricos tan diversos. Para ello me apoyaré en la misma obra de Valverde y De Riquer, que destacan las siguientes características:

1. La trasmisión o procedimiento de recitado o canto divulgativo.

---

55. Valverde, José María y De Riquer, Martín. *La Épica Medieval*". Libros Tauro, Buenos Aires, 1999, página 8.

2. Utilización de rasgos expresivos o estilísticos muy concretos.

3. La Épica, como arte tradicional, es totalmente distinto a la creación literaria individual y docta.

4. Una obra Épica vive descubierta o en estado latente siglos y siglos.

La mayoría de los autores que se han dedicado a escudriñar en el género Épico y, en especial en el de la tradición medieval, coinciden en que el origen de la épica del medioevo debe ser germano. El contexto histórico ayuda mucho en este aspecto. Sin duda que la desaparición del Imperio Romano y el establecimiento de los primeros reinos germánicos favorece, desde el punto de vista de los la Épica, una etapa heroica para los germanos. La extensión de los visigodos por España, no supuso una invasión en masa y fue ella la que permitió que la epopeya germánica llegara a la Península Ibérica. Como dicen Valverde y De Riquer:

"Ello parece lógico por lo que se refiere a los ambientes áulicos o de las clases dominantes, donde realmente había visigodos y donde el recuerdo de los antepasados germánicos podía envanecer el orgullo de raza... Estos viejos cantos épicos germánicos solo podían conmover a la aristocracia goda, que era la minoría dirigente de la Hispania de aquel tiempo; el pueblo, a pesar de su romanización, preferiría, si aún lo recordaba, aquellos viejos cantos ibéricos que versaban sobre las hazañas guerras de sus antepasados (parentum facinora). ...Dentro de este terreno, en el que caben tantas hipótesis temerarias y conjeturas peligrosas, es posible suponer que la épica germánica, en alguna forma recordada y mantenida en la corte visigótica, pudiera haber dado nueva vida a la primitiva épica ibérica, pues el pueblo siempre aspira a tomar algo de la corte".[56]

Al no haber grandes diferencias entre la conquista visigoda

---

56. Op. Cit. Valverde, José María y De Riquer, Martín, página 9.

de Hispania con el proceso llevado a cabo por los francos en la Galia la situación podría ser asimilable, más aún, en el hecho registrado por Eginardo, biógrafo de Carlomagno, del interés del emperador por mandar a transcribir, para que no se perdiera su recuerdo, los bárbaros y viejos cantos donde se cantaban los hechos de las guerras de los antiguos reyes. Lo anterior es muy importante ya que demuestra que hubo un momento en que los antiguos cantos germanos, por esencia transmitidos a través de la oralidad, hallaron la posibilidad de conservarse al ser puestos en escritura. Para muchos, esto tiene que ver con una consecuencia de su proceso de cristianización, es decir, una vez que los germanos son cristianizados, escriben, o bien son los monjes los que toman estas historias y las llevan al papel.

Lo anterior puede verse confirmado por los planteamientos de Carlos Alvar, quien tomando los planteamientos que hace el maestro Menéndez Pidal, al estudiar la épica española medieval, establece que:

> "La épica románica –según Menéndez Pidal—descendería directamente de la epopeya germánica, y como ésta, los distintos poemas épicos serían el resultado de la composición oral realizada por un juglar que pretendería dar a conocer un acontecimiento importante: así, resultaría que en su origen los cantares de gesta, fueron cantos noticieros nacidos en la inmediatez de los sucesos que en ellos se narraban y transmitidos oralmente generación tras generación a lo largo de los siglos, dando lugar a numerosas modificaciones debidas al paso del tiempo, al cambio de los gustos del público y a la intervención de los intérpretes que, con sus olvidos y confusiones o con sus deseos de embellecer el texto y de contentar al auditorio, habrían transformado la obra en cada recital".[57]

---

57. Alvar, Carlos, "Cincuenta años de estudios de Poesía Épica Española Medieval", *Revista de Literatura Medieval*, XVIII, 2000, página 88.

Sin duda que el aporte que nos hace la cita anterior nos permite confirmar planteamientos que hemos presentado con anterioridad y que tienen relación con las posibles deformaciones históricas que presenta el relato de la *Canción de Roldán*. Como plantea Menéndez Pidal, la oralidad juega un papel trascendente en el origen de la epopeya germana que llega a la románica y que se mantiene viva a lo largo del tiempo. El paso del tiempo no es neutral en la obra, al contrario, la obra está viva y ya sea, por la búsqueda de su embellecimiento, impacto e incluso actualidad, tiende a ser modificada en este proceso.

Valverde y De Riquer aportan una conclusión relevante al respecto que vale la pena comentar. Plantean que los cantares de gesta pueden moverse entre aquellos que representan una crónica rimada hasta aquellos otros cuya historicidad queda tan reducida que parecen una obra de la imaginación. Lo que influiría, según los autores, poderosamente en este hecho es la lejanía histórica y geográfica, ya que mientras más remoto es el asunto de una gesta, más pesan en ellas versiones tradicionales y legendarias de los hechos y más se aparta de la realidad histórica. Valverde y De Riquer ponen como ejemplos de opuestos del grado de historicidad el *Cantar del Cid* y el de *Rolando*.

El hecho o noticia original en el que se inspira el *Roldán* es un hecho que está justificado históricamente pero que, hasta que se puso por escrito y fue cantado como tal, como lo recibimos hoy, fue sin duda modificado. Desde esta impronta no pierde valor histórico, menos desde la perspectiva que lo hemos planteado en un principio, la obra literaria se actualiza y es, en esta relación activa y activadora entre concepto y realidad, una importante fuente para reconstruir la Historia de ese tiempo, tal como se refleja al analizar ambos contextos históricos.

Sin duda, y como se puede suponer, en el largo proceso que lleva desde los Cantos Noticieros al Cantar de Gesta, no todos los pasos de este proceso están históricamente atestiguados, pues el carácter popular de esta literatura tampoco facilita su llegada a los textos más cultos y la oralidad deja escasas huellas. Estudios derivados de la épica francesa (y que podrían ser más pertinentes para este trabajo) aportan otros puntos de vista interesantes de considerar al respecto:

> "... J. Bedier y otros especialistas en épica francesa desarrollaron teorías absolutamente opuestas a ellas: en el principio fueron leyendas locales, muy vinculadas a la iglesia, que las fomenta para obtener algún beneficio;..."[58]

Un tema importante y que da continuidad al análisis anterior, es el problema de la autoría del Cantar de Gesta. Los especialistas se mueven sobre la base de dos posibles supuestos: será un único autor que se apoya en los documentos que dispone a su mano sobre el hecho y la época de la que se ocupa, o por el contrario se trata de una lista innumerable y, la mayoría, desconocida de autores que han construido la obra a lo largo de los siglos, sin contacto unos con otros.

> "La transmisión de los cantares de gesta lógicamente también está ligada a la cuestión de la autoría: si se acepta que el cantar de gesta conservado es el primero de su género, habrá que rechazar cualquier tipo de transmisión oral anterior a la copia manuscrita. Si, por el contrario, se considera que el texto escrito es la última manifestación de una larga cadena oral, habrá que aceptar a la vez que el cantar de gesta vive, fundamentalmente, de forma independiente a la escritura y que la puesta por escrito no es más que un accidente".[59]

Por lo anterior, es que resulta necesario someter la obra del

---

58. Op. Cit. Carlos Alvar. página 89.
59. Op. Cit. Carlos Alvar, páginas 89 y 90.

Roldán a un pequeño análisis histórico sobre estas dos cuestiones planteadas, es decir, de qué momento data la obra escrita que a nosotros ha llegado y, por ende, la cuestión de su autoría.

Tomando los planteamientos de Valverde y De Riquer podemos encontrar luces al respecto. En su obra sobre la Épica Medieval y, en lo referido específicamente a la génesis del *Cantar de Roldán* afirman que hay indicios sólidos para suponer que hacia el año 1000 ya existía un primitivo *Cantar de Roldán* (ya en esa época se registran nombres de parejas de hermanos llamados Roldán y Oliveros). Es muy posible que a esa fecha el Cantar aún no se haya puesto por escrito y que únicamente se divulgara por medio del recitado. Entre los años 1054 y 1076 un monje de San Millán de la Cogolla, en la Rioja, copiaba en un manuscrito las líneas de la llamada nota Emilianense, en la que se da una síntesis de un *Cantar de Roldán*, seguramente en versión castellana; y el 14 de octubre de 1066, se habría cantado el *Roldán*, cuando en la batalla de Hastings Guillermo el Conquistador, Duque de Normandía, vencía a los anglosajones de Haroldo. Antes de iniciarse la acción un juglar normando llamado Taillefer entonó los versos del *Cantar de Roldán* para enardecer a los que iban a luchar.

Los normandos establecidos en Inglaterra habrían conservado celosamente la gesta de Roncesvalles. Unos 30 años después de la batalla, un clérigo natural de Fécamp, en Normandía, y que habría participado en la batalla de Hastings y que, establecido en Inglaterra (fue abad de Malmesmury y de Peterboroug) al que llamaban Turoldo, fue muy posiblemente el autor del *Cantar de Roldán* que hoy leemos.

"Quede bien precisado que Turoldus no es el inventor o creador de la gesta, que en su tiempo ya debería hacer casi un siglo que se divulgaba juglarescamente por Francia. Turoldus lo que hizo fue recogerla de la tradición, redactarla muy sabiamente en perfectos versos en la variedad idiomática anglo-normanda y, sin duda, estructurarla a su modo y darle notas eruditas, como corresponde a un culto hombre de iglesia".[60]

Me resulta interesante esta cita de los profesores Valverde y De Riquer ya que, muy verosímilmente, Turoldo, autor del *Cantar de Roldán* que nos ha llegado, es un hombre de fe, es un hombre culto de Iglesia, que no sólo pudo darle a la obra perfectos versos en variedad idiomática anglonorman-da y eruditas notas, sino también expresar la conflictividad en la que se encontraba la Iglesia en aquella época, buscando resolver los problemas de seguridad interna que generaba una nobleza debilitada, sino también encauzando los esfuerzos de toda la Cristiandad hacia una empresa superior y común, la lucha contra el infiel, la lucha contra el Islam.

Como plantea Luis Weckmann:

> "En ninguna parte mejor que en los cantares de gesta encon-tramos una imagen del feudalismo...; son verdaderamente un espejo de la sociedad de los siglos XII y XIII, reproduciendo fielmente las virtudes de esa época: fidelidad en la jerarquía, ardor caballeresco desinteresado, franqueza en el hablar y un valor que no conocía límites".[61]

Para profundizar en este aspecto, quiero tomar las palabras de Ramón Menéndez Pidal cuando se opone a la concepción individualista que permite explicar el origen de esta poesía:

> "Frente a esta manera de ver, los tradicionalistas oponemos que los orígenes de las literaturas románicas son muy ante-riores a los textos hoy subsistentes, y que estos no pueden ser explicados sin contar con una larga tradición de textos per-didos en los que lentamente se han ido modelando la forma y el fondo habituales en los diversos géneros literarios; suje-

---

60. Op. Cit. Valverde y De Riquer, página 35.
61. Weckmann, Luis. *La Sociedad feudal.* Editorial Jus, México, 1944, página 100.

to poco o mucho a estos moldes, el individuo más genial no puede escribir guiado solo por su genialidad, sino encauzado y limitado por la tradición cultural en la que él se ha formado y a la cual sirve. El río más impetuoso y más desbordado corre dentro de bordes irrebasables".[62]

Lo anterior nos enfoca, en definitiva, en la preocupación de variados medievalistas con relación a la historicidad de la épica. El libro sobre *Epopeya e Historia*, coordinado por Victoria Cirlot, con activa participación de afamados especialistas y estudiosos de los cantares de gesta franceses de los siglos XII y XIII, intenta destacar dos formas esenciales de entender las relaciones entre ambas ideas que dan título al libro señalado: aquella que apunta que la historicidad resulta del pasado y aquella otra que, por el contrario, entiende que lo histórico de la épica reside, justamente, en su actualidad, formas que se han ido sucediendo, según opinión de Victoria Cirlot, cronológicamente para llegar la segunda a eclipsar a la primera.

---

62. Pidal Menéndez R. *Cantos románicos andalusíes, continuadores de una lírica latina vulgar*. Espasa Calpe, Madrid, 1956, página 62.

VIII. El canon en la Europa Occidental de los siglos XI y XII

La sociedad cristiana medieval ofrece, según varios autores, una visión del mundo donde el otro esta marginado. En una sociedad fuertemente jerarquizada, en la que, según Aldaberón Obispo de Laón, cada estamento tienen claramente definida su función, aquel que escapa o se aleja del seno de las tres órdenes es marginado y expulsado y será muy complejo que se integre a una cosmovisión que le dificulta asumir aquello que traspasa los límites de lo conocido en un universo cerrado.

Vale destacar dos citas del paper de María Adelaide Miranda, "La Alteridad Bárbara: de las representaciones de lo fantástico en el románico al hombre salvaje del gótico final", que pueden ser muy aclaratorias en este aspecto.

> "Los clérigos identificaban en los herejes el sentido del otro, de lo marginal, convirtiéndolos en los excluidos por excelencia. Los que poseen enfermedades que deforman el cuerpo están igualmente entre los que se dirigen a la marginalidad, así como el extranjero es siempre visto por las culturas antiguas como el prototipo del otro. Recordemos la forma en que los griegos percibían al que no comulgaba con su cultura".[63]

> "De los pueblos que vivieron más allá de la frontera del mundo cristiano o en su interior en alteridad, las representaciones aunque escasas también, se centran en la imagen del árabe o del judío. Este Otro surge en posiciones marginales o demoníacas, como sucede en lo tratado por el artista de la apocalip-

---

63. Miranda, María Adelaida. "La Alteridad Bárbara: de las representaciones de lo fantástico en el románico al hombre salvaje del gótico final". *Cuadernos del CEM y R*, 10, año 2002, página 149.

sis de Lorvao, reflejando la angustia provocada por el avance almohade".[64]

La forma en que Occidente ha enfrentado la alteridad, sin duda alguna, no es una exclusividad de la Edad Media. Sus raíces, siguiendo los planteamientos de Edward Said, pueden encontrarse incluso en el mundo clásico y son proyectables en la Historia hasta las relaciones internacionales del mundo actual. Quizás uno de los últimos que, con algún nivel de trascendencia, ha vuelto sobre el tema es Samuel Huntington, en su obra *El Choque de Civilizaciones y la reconfiguración del orden mundial* en donde deja entrever que la forma en que Occidente se ha relacionado con el otro es a través de la asimilación, reducción, domesticación o, en su defecto, la exterminación.

> "Entre las civilizaciones, Occidente es la única que ha tenido una influencia importante, y a veces devastadora, en todas las demás. Como consecuencia de ello, la relación entre el poder y la cultura de Occidente y el poder y culturas de otras civilizaciones es la característica más generalizada del mundo de las civilizaciones".[65]

Esta imagen que Occidente ha construido es, para Huntington, el mayor peligro para mantener hoy la paz en el mundo actual. La influencia, que el autor define como importante, nace de las pretensiones universalistas de Occidente que comúnmente le hacen entrar en conflicto con otras civilizaciones, por lo que la paz en el mundo e incluso la supervivencia de Occidente depende de que reafirme su identidad occidental y que acepte su civilización como única y no universal.

Al revisar las caracterizaciones de los "sarracenos" en el

---

64. Ibíd, página 147.

65. Huntington, Samuel, *El Choque de civilizaciones y la reconfiguración del orden mundial*, Ed. Paidós, España 2011, página 243.

Roldán, llama la atención que, separados por más de nueve siglos, la mirada de Occidente sobre el Otro y la forma de relacionarse con ese Otro, siga siendo casi la misma. El conflicto que se traba en la cuenca del Mediterráneo por allá por el siglo XI y XII y del cual el *Cantar de Roldán* es un excelente testigo, pone en el análisis una cuestión que también ha superado largamente la brecha del tiempo: Occidente y Oriente.

Resulta relevante detenernos un poco en el concepto de Oriente, en donde el aporte de Said, en su famoso texto *Orientalismo*, puede darnos algunas luces:

> "Estrictamente hablando, el orientalismo es un campo de estudio erudito. Se considera que su existencia formal comenzó en el Occidente cristiano con la decisión que adoptó en 1312 el Concilio de Vienne de establecer una serie de cátedras de árabe, griego, hebreo y siriaco en Paris, Oxford, Bolonia, Aviñón y Salamanca".[66]

Lo interesante de esta cita, aunque breve, es que recoge de manera formal el surgimiento del orientalismo en el mundo cristiano medieval y que engloba en dicho concepto al mundo árabe, griego, hebreo y siriaco. Es por tanto, un concepto contemporáneo a la temática de análisis del presente trabajo y reúne, desde la particular perspectiva del Occidente cristiano, a dos de las tres fuerzas presentes en el Mediterráneo como parte de ese mundo oriental: el Imperio de Oriente y, en especial, el mundo islámico.

En este aspecto la obra de Jacques Le Goff resulta ser fundamental. En su libro *La Civilización Medieval* nos plantea una serie de elementos a considerar que resultan relevantes para el sentido del presente trabajo. Le Goff establece que, para la Europa Occidental de los siglos XI y XII, la realidad es la Cristiandad. Las relaciones que se establecen en la cuen-

---

66. Said, Edward, *Orientalismo"*. Libertarias, Barcelona 1990, página 75.

ca del Mediterráneo (cristiandad, imperio de oriente e Islam) son pensadas desde occidente y por occidente.

De esta alteridad ni siquiera se salva el cristiano de oriente (o bizantino), y a pesar que no es la temática central, es interesante hacer la referencia para aportar a la contextualización histórica:

> "El Bizantino, desde 1054, es el cismático. Pero aunque ese agravio de separación, de secesión, es esencial, los occidentales no logran definirlo con exactitud o, por lo menos, a designarlo correctamente. A pesar de las divergencias teológicas –en especial la cuestión del "Filioque", al rechazar los bizantinos la doble procedencia del Espíritu Santo a quién ellos hacía proceder solamente del Padre pero no del Hijo-, a pesar, sobre todo, del conflicto institucional -el patriarca de Constantinopla se niega a reconocer la supremacía del papa-, los bizantinos también son cristianos. Desde mediados del siglo XII, con ocasión de la segunda cruzada, vemos a una fanático occidental, el obispo de Langres, que sueña con la toma de Constantinopla y que empuja a ella al rey de Francia Luis VII, declarar que los bizantinos no son "cristianos de hecho, sino solamente de nombre", que son culpables de las herejías, y a una buena parte del ejército de cruzados creer que "los griegos no eran cristianos y que carecía de importancia matarlos o no". Este antagonismo era el fruto de un alejamiento que, a partir del siglo IV, se había convertido en verdadero foso. Unos y otros dejaron de comprenderse, sobre todo los occidentales que, incluso los más sabios, ignoraban el griego: graecumest, non legitur".[67]

Fueron muchos los hechos que a partir del siglo IV empezaron a distanciar estas dos zonas del imperio: el fracaso de la Tetrarquía y la vuelta a las guerras civiles; la fundación de Constantinopla y sus conflictos con Roma; la división del

---

67. Le Goff, Jacques. *La Civilización del Occidente Medieval*. Editorial Paidós, Barcelona, 2002, página 120.

Imperio por Teodosio; las relaciones entre ellos ante las invasiones germánicas y pueblos de la estepa euroasiática; la dominación oriental en Roma en la época de Justiniano; la tendencia helenizante del Imperio de Oriente a partir de los Heraclios; la crisis iconoclasta; el conflicto de Roma con la elección como Patriarca de Oriente de Focio; y, en definitiva, el Cisma de Oriente habían convertido a las dos ramas del Imperio Romano en territorios capaces de diferenciarse.

Esta diferenciación, fruto de los hechos (y para Le Goff de la incomprensión entre ambos), se fue transformado poco a poco en odio. En el mundo latino se empezó a incubar una mezcla de envidia y de desprecio que surgiría de cierto sentimiento de inferioridad de Occidente. Los griegos eran vistos como amanerados, cobardes y mentirosos, les reprochaban, sobre todo, ser ricos, lo que profundizaba la diferencia con el latino que se sentía más heredero del guerrero bárbaro y pobre.

El mundo bizantino no deja de responder y expresa con claridad su desprecio por el mundo latino:

> "A este odio latino responde el desprecio griego. Ana Comneno, hija del emperador Alexis, que ha visto a los occidentales de la primera cruzada, los describe como bárbaros groseros, charlatanes, orgullosos, versátiles. Pero lo que horroriza sobre todo a los bizantinos es la codicia de los occidentales "dispuestos a vender mujer e hijos por un óbolo"".[68]

Si tenemos elementos de juicio de la época para establecer la hostilidad latina hacia los bizantinos, frente a los musulmanes esta situación es mucho más patente. Los sarracenos son los enemigos con los cuales no puede haber pacto, son el infiel por excelencia; para el cristiano, el musulmán representa la antítesis total.

---

68. Ibíd, página 122.

Es adecuado reconocer que desde la arremetida avasalladora del Islam en la cuenca del Mediterráneo se desarrolló el conflicto, sin embargo, no es menos cierto que las diferencias presentaron momentos realmente álgidos y otros de distensión.

"Sin embargo, la historia de la actitud de los cristianos medievales respecto de los musulmanes es una historia de variaciones y de matices. Es cierto que el siglo IX, Alvaro de Córdoba ve en Mahoma la Bestia del Apocalipsis. Pero Pascasio Radberto, aun haciendo especial mención del antagonismo fundamental (que percibe perfectamente en su contexto geográfico) existente entre la cristiandad, la cual tenía que extenderse por todo el mundo, y el Islam, que le ha arrebatado una amplia región de la tierra, distingue minuciosamente los musulmanes, que han llegado al conocimiento de Dios, de los gentiles, que ignoran absolutamente todo de él. Hasta el siglo XI, las peregrinaciones cristianas a la Palestina conquistada por los musulmanes se llevan a cabo en forma pacífica y sólo en algunos teólogos se perfila una imagen apocalíptica del Islam. Todo cambia en el transcurso del siglo XI en el que las cruzadas se preparan y se orquestan mediante una propaganda que pone a los secuaces de Mahoma en el punto de mira de los odios cristianos. Las canciones de gesta son los testigos de ese momento en que se mezclan los recuerdos de una simbiosis islámico cristiana en la frontera de los dos mundos con la afirmación, desde ahora, de un enfrentamiento sin tregua".[69]

Esta imagen representada por Le Goff puede ser confirmada por aportes contemporáneos y por visiones historiográficas más actuales. Entre los primeros podemos destacar las palabras ya analizadas de Urbano II llamando a la primera Cruzada y las de Bernardo de Claraval predicando la segunda. Contemporáneo a los hechos es también el que para muchos

---

69. Ibíd, página 125.

es el padre de la filosofía de la historia, Joaquín de Fiore, que a finales del siglo XII llegó a afirmar que, Mahoma prepara la llegada del Anticristo, lo mismo que Moisés preparó la de Jesús; a Pedro el Venerable, abad de Cluny de mediados del siglo XII, que eleva a Mahoma a la jerarquía de los grandes enemigos de Cristo y puede perfectamente ubicarse entre Arrio y el Anticristo; a Jean de Joinville que denomina al mundo musulmán de la época como la "Paganidad"; y a Inocencio III, que a principios del siglo XIII convoca al cuarto Concilio de Letrán y llama a "extirpar los vicios y afianzar las virtudes... suprimir la herejías y fortalecer la fe...", y, de otro, "apoyar a Tierra Santa con la ayuda tanto de clérigos como laicos", en definitiva afianzar los valores que definen a la cristiandad y promover la cruzada.

Resulta interesante buscar las referencias que permitan explicar esta forma de ver el Islam por los intelectuales cristianos de la Edad Media. A partir del estudio realizado por Osama Abd El-Rasol, se llega a la conclusión de que la mayoría de estos conceptos esgrimidos contra el Islam tienen su origen en las obras de Juan de Damasceno (siglo VIII) que sería el primer autor de obras contra el Islam temprano. Su planteamiento descansa en la idea de que este autor cristiano consideró al Islam como una de las tantas herejías que sufrió el cristianismo durante los primeros siglos, lo que lo elevaría a ser el fundador de la escritura contra el Islam.

> "San Juan Damasceno describió el Islam como una herejía cristológica, que según él constituía una de las herejías más extendidas durante la Edad Media. Desde su punto de vista, el Islam no es una nueva religión sino la última de una larga lista de desviaciones cristianas. A los ismaelitas los sitúa en el contexto de la genealogía bíblica, descienden de Agar y de Ismael (de ahí el nombre de ismaelitas). El Damasceno dice

de ellos que, además, eran idólatras".[70]

No es de extrañar entonces, y como vimos, que los autores latinos de los siglos XI y XII, al intentar comprender el Islam, lo clasifiquen como una herejía y lo refuten utilizando el argumento antiherético. Recordemos que el carácter de herejía era dado por el cristianismo a todo a lo que se alejaba de la recta doctrina, la ortodoxia, por ejemplo, a los cristianos que no creían en la naturaleza divina de Jesucristo; por ejemplo, el arrianismo que negaba totalmente la divinidad de Cristo y la herejía nestoriana que reconocía su carácter divino pero que rechazaba que el Padre y el Hijo tuvieran la misma naturaleza.

"Juan Damasceno defiende su religión para vacunar a los cristianos contra el Islam, y más tarde, para que los cristianos occidentales se definan a sí mismos. En la práctica, los musulmanes se convirtieron en el contrapunto de la imagen del ideal cristiano caracterizado por la valentía, la virtud, la fe en el Dios verdadero y en la doctrina verdadera. Para deteriorar la imagen de un enemigo tan sofisticado culturalmente, los cristianos occidentales mejoraron su propia imagen y trataron de fomentar la autodesconfianza frente a él".[71]

Es el contexto histórico el que permite entender los miedos y temores de occidente para con el Islam, que desde el siglo VII se venía convirtiendo en una enorme potencia militar, cultural y religiosa que amenazaba a la cristiandad. Las conquistas de Persia, Siria, Egipto, Turquía, España, Sicilia, partes de Francia, gobernando incluso en territorios de la India, Indonesia y China. Ante este asalto tremendo occidente pudo res-

---

70. Abd El-Rasol, Osama. "Análisis de los estudios árabes en España en el siglo XIX: Dozy y Consecuencias". Memoria para optar al grado de Doctor, Universidad Complutense de Madrid, 2013, páginas 74 y 75.

71. Ibíd, página 79.

ponder con miedo e incluso con una especie de terror. Como dice Edward Said:

> "Los autores cristianos que fueron testigos de las conquistas islámicas tenían escaso interés en aprender la elevada cultura y magnificencia habitual de los musulmanes... La opinión cristiana característica sobre los ejércitos orientales era que tenían "todo el aspecto de un enjambre de abejas, pero con mano dura (...) devastaban todo", así los describía Erchembert, un clérigo de Monte Cassino del siglo XI".[72]

Samuel Huntington nos aporta también una reflexión similar del temor que la expansión del mundo islámico generó en el Occidente medieval. La arremetida del Islam podía llegar a establecer un dominio en África, la Península Ibérica, Oriente Próximo y Oriente Medio entre principios del siglo VII y mediados del siglo VIII. Durante dos siglos las líneas divisorias entre ambos mundos se estabilizaron, hasta que, desde finales del siglo XI, los cristianos reafirmaron su control del Mediterráneo Occidental, conquistaron Sicilia y tomaron Toledo. La llegada de los Turcos Otomanos, hacia finales del siglo XIII, debilitó al mundo cristiano en Bizancio y luego en los Balcanes,

> "Durante casi mil años -dice Bernard Lewis-, desde el primer desembarco moro en España hasta el segundo asedio turco de Viena, Europa estuvo bajo la amenaza constante del Islam. El Islam es la única civilización que ha puesto en duda la supervivencia de Occidente, y lo ha hecho al menos dos veces".[73]

Entre los contemporáneos podemos destacar a Edward Said que construye el concepto de que en la época medieval el Islam se convirtió en la imagen general del orientalismo, cuya función no era tanto representar el Islam en sí mismo, como

---

72. Op. Cit. Said, Edward, página 86.
73. Op. Cit. Huntington, Samuel, página 281.

generar una imagen del Islam para el cristiano de la Edad Media.

> "Esta imagen rigurosa que el cristianismo tenía del Islam se reforzó de muchas maneras; entre ellas se encuentran -durante la Edad Media y el principio del Renacimiento- las diferentes formas de poesía, de controversias eruditas y de supersticiones populares. En esa época Oriente próximo no estaba en absoluto integrado en la imagen corriente que del mundo se tenía en la cristiandad latina: la Chanson de Roland, por ejemplo, muestra a los sarracenos adorando a Mahoma y a Apolo".[74]

Said arroja, desde esta perspectiva, un punto de vista que resulta ser muy interesante. La imagen que Occidente busca proyectar del Islam, no es una manera común de recibir información, sino un método para controlar lo que parece ser una amenaza para la perspectiva tradicional de ver el mundo. Se construye la imagen de que el Islam es una versión nueva y fraudulenta de alguna experiencia previa, en este caso del cristianismo. La amenaza busca ser sofocada, se confirman los valores occidentales, se maneja la imagen del Islam con lo que la Idea de Oriente oscila, en la mente occidental, entre el temor y el menosprecio.

Sin duda que el mensaje de Occidente pretende un rol publicitario en torno a las relaciones internas e internacionales que vive la cristiandad desde la segunda mitad del siglo XI y que sirven a los propósitos planteados. El discurso es violento, ya que la solución del conflicto sólo se puede conseguir a partir de un acto violento, la victoria militar, el justo castigo de los enemigos, el triunfo de las aspiraciones del héroe, el restablecimiento de la justicia, en fin...

"Para que el mensaje de violencia cumpla su cometido publi-

____

74. Op. Cit. Said, Edward, página 88.

citario y de confirmación identitaria, es necesario caracterizar negativamente al enemigo e insistir en su condición foránea, intrusa o exótica".[75]

Está claro que en el contexto del mundo europeo occidental del medioevo el canon es cristiano. La realidad es la Cristiandad. El cristiano medieval define al resto de la humanidad, se ubica a sí mismo con relación a los demás en función de ella. Y no menos significativo que, en este caso que nos ocupa, que la diferenciación con el moro sea expresada a través de la épica.

Desde ésta perspectiva carece de relevancia el contexto histórico en el que los hechos reales habrían ocurrido, por lo tanto el *Cantar del Roldán*, como fuente histórica, no es un relato de un hecho acaecido a finales del siglo VIII d.C, sino más bien una construcción cultural que devela con claridad el contexto histórico del siglo XI y XII d.C. Lo anterior queda claramente expuesto en que el germano ya es cristiano, ya escribe y ha sido asimilado por el mundo romano cristiano. Se siente el verdadero heredero de la Cristiandad, incluso, si se analiza más profundamente el contexto histórico, le niega y le desconoce ese mismo rol al cismático bizantino (Cisma de Oriente 1054). El "Otro", tan recurrente en la búsqueda de definición de la identidad en el hombre occidental, ya no es el bárbaro germano, que amenazó y destruyó el imperio universal cristiano y que recibió calificativos de "infiel", dejó de ser "la raza odiada". En definitiva, el antiguo enemigo ahora es el defensor de la cristiandad, representa lo más "genuino" de ella, de acuerdo al contexto histórico y por ende goza de la gracia y la benevolencia de Dios, tal como lo atestigua el relato de la muerte de Roldán:

---

75. Iglesias, Juan José, *La violencia en la Historia*, Universidad de Huelva, 2012, página 227.

"-¡Padre verdadero, que jamás dijo mentira, Tú que resucitaste a Lázaro de entre los muertos, Tú que salvaste a Daniel de los leones, salva también mi alma de todos los peligros, por los pecados que cometí en mi vida!

A Dios ha ofrecido su guante derecho: en su mano lo ha recibido San Gabriel. Sobre el brazo reclina la cabeza; juntas las manos, ha llegado a su fin. Dios le envía su ángel querubín y San Miguel del Peligro, y con ellos está San Gabriel. Al paraíso se remontan llevando el alma del conde"[76]

---

76. Op. Cit. Turoldo, CLXXVI

IX. El sarraceno en el conflicto entre Occidente y Oriente

Desde la aparición del Islam en la cuenca del Mediterráneo, la mayor parte de la Cristiandad, desde España hasta Siria, quedó bajo el dominio de los musulmanes mediante un proceso de conquista de proporciones sin precedentes para la región. El enfrentamiento con el mundo islámico, para la mayoría de los cristianos medievales, provocó, según planteamientos de John Tolan (*Sarracenos: el Islam en la imaginación medieval europea*), una profunda ambivalencia. Temerosos y admirados por su opulencia, los cristianos se sentían al mismo tiempo turbados porque sus rivales se proclamaban los verdaderos herederos de Abraham y de Jesús. En este contexto es que, según el autor, aquellos que respondieron violentamente a lo que consideraban una humillación optaron por atacar al Islam y a su encarnación más característica: el sarraceno. En un esfuerzo por entender el abandono aparente de la Cristiandad por parte de Dios, en beneficio de la expansión y dinamismo del mundo islámico, los escritores europeos distorsionaron las enseñanzas de Mahoma y caricaturizaron de variadas maneras sus creencias.

Tomando los planteamientos de Tolan y en pos del objetivo de este trabajo, es relevante detenerse en el análisis del concepto sarraceno, caricatura de la época medieval, con el que se identifica la mayoría de las veces al árabe o moro en la obra del *Roldán*. Para ello me apoyaré en el excelente estudio realizado por Elena González- Blanco García, *Sarracín, sarraceno y su campo semántico. Un problema léxico abierto.*

Más allá de las consideraciones disciplinarias de un análisis tan específico, me interesa lo que la profesora González-Blanco nos aporta para la relevancia del punto de vista histórico que muy bien le viene a este estudio.

"Sarracín fue un étnico presente en la lengua latina desde al menos el cambio de era y luego fue usado también nombre propio en la Península en los siglos X-XIII. Con el tiempo llega a ser la expresión e imagen más coloreada negativamente de los mahometanos a partir de la mitad del milenio,...

... las referencias a los musulmanes se van a ir caracterizando desde la designación étnica hasta la carga negativa de origen religioso plagada de signos de crueldad, dureza, aspereza y de algo vitando en todas sus dimensiones. Es aquí donde surge potente la palabra sarraceno como instrumento adecuado. Agrupa todos los sentimientos que encierran las raíces de sarro (sucio y evitable), sarpullido (enfermedad y molestia), serón (pobre y áspero), sierra (cortante y difícil) y con todas esas cargas suena adecuado al efecto pretendido.

La peculiaridad de las notas distintivas de sarraceno se ven mejor si se compara con las que encierra el término moro, que es menos áspero, menos violento. Moro en castellano tiene más connotaciones étnico-culturales mientras que sarraceno encierra una caracterización más militar, combativa, cruel y dura.

Esta palabra para el pueblo es excesiva. No la suele usar más que cuando alguien la aprende y la emplea precisamente en razón de esta sensibilidad indicada. La usan los cultos, con conciencia de lo que hacen. De ahí las peculiaridades que presenta tal uso".[77]

Primero que todo me interesa comentar las consideraciones expresadas por la profesora González-Blanco en las primeras

---

77. González-Blanco, Elena. *Sarracín, sarraceno y su campo semántico. Un problema léxico abierto*, Intralingüística, Barcelona, 2007, página 451.

líneas de esta cita. Es a partir del siglo XI, y por tanto no antes, que el concepto sarraceno comienza a cargarse de un sentido religioso y enemigo (mal podría explicarse el uso del concepto en el contexto del conflicto en Los Pirineos de fines del siglo VIII), fenómeno que, según John Tolan, se acrecienta con la llegada de los almohades, facción del Islam dirigida por Yusuf ibn Tasufín, que desembarcan en 1086 en la Península Ibérica, específicamente en los actuales territorios de Algeciras, tras haber sido este reclamado por los reyes taifas de Sevilla, Granada, Málaga, Almería y Badajoz ante la amenaza de los ejércitos de Alfonso VI de León.

El Rey de la *taifa* de Sevilla le solicita su ayuda:

> "Él (Alfonso VI) ha venido pidiéndonos púlpitos, minaretes, mihrabs y mezquitas para levantar en ellas cruces y que sean regidos por sus monjes…. Dios os ha concedido un reino en premio a vuestra Guerra Santa y a la defensa de Sus derechos, por vuestra labor… y ahora contáis con muchos soldados de Dios que, luchando, ganarán en vida el paraíso".[78]

En segundo término me interesa la reflexión hecha al final de la cita de la profesora González-Blanco, cuando plantea que esta palabra tiene un origen culto (en su connotación negativa) y que se usa con completa conciencia de su significado. Si consideramos que la copia que disponemos del *Roldán* data del año 1100 de un monje, que como planteamos anteriormente, no solo le dio una rica variedad idiomática anglonormanda al poema y eruditas notas, sino también fue capaz de expresar la conflictividad en la que se encontraba la Cristiandad en aquella época.

> "…los musulmanes se convirtieron, en cierto sentido, en un negativo fotográfico de la auto-percepción del ideal cristiano; los europeos aparecen como valientes, virtuosos, creyentes en

---

78. Citado por al-Tud, "BanuAbbad", de Ibn al-Jakib, al-Hulal, página 29 a 30.

el Dios verdadero y en la fe verdadera. Para denigrar la imagen de sus rivales, los cristianos occidentales mejoraron su propia auto-imagen tratando de fomentar la autoconfianza frente a un enemigo más potente y sofisticado, culturalmente".[79]

El árabe es el "infiel", es la antítesis total con el cristiano con el cual no puede haber pactos. He aquí la traición de Ganelón, no es sólo la disputa personal con Roldán, está traicionando a la Cristiandad (el carácter colectivo de la épica). Enviado por el emperador bajo los signos de la cristiandad cometerá su acto de traición:

"Señor – prosigue Ganelón-, dadme vuestra venia para partir. Ya que debo marchar, nada ha de retardarme. Y responde el rey:

-¿Id en nombre de Jesús y con mi venia!

Lo absuelve con su mano diestra y traza sobre él el signo de la cruz. Luego le entrega el bastón y la misiva".[80]

Una vez en territorio musulmán y ante el Rey Marsil y sus mesnadas se consumará la traición de Ganelón:

"Aquel que logre la muerte de Roldán, habrá privado a Carlos del brazo derecho de su cuerpo. Sonará la hora de los magníficos ejércitos. No reunirá ya Carlos tan numerosas mesnadas. ¡Hallará el reposo la Tierra de los Padres! Al oír Marsil estas palabras, besa a Ganelón en el cuello; luego ordena que le traigan los tesoros".[81]

Y más adelante el cantar agrega:

"Había ahí un asiento, todo de marfil. El rey hace traer un libro: en él está escrita la ley de Mahoma y de Tervagán. Y el

---

79. Frassetto, Blanks. *Werstern views of Islam in medieval and early modern Europe. Perception of other*. Ed. Basingstoke, Macmillan, 1999, página 3.

80. Op. Cit. Turoldo, XXVI.

81. Ibíd, XLV.

sarraceno de España jura que si encuentra a Roldán en la retaguardia, habrá de combatirlo con toda su gente, y que si de él
depende, el conde hallará la muerte en esa acción.

-¡Así se cumplan vuestros deseos! – responde Ganelón".[82]

La muerte del traidor no podía estar ajena a la acción divina,
luego de la muerte de Pinabel en las manos de Thierry, los
franceses gritan:

"-¡Dios hizo un milagro! Es justicia que Ganelón sea ahorca-
do, y con él los parientes que han respondido por él".[83]

Una vez que todos están de acuerdo, bávaros, alemanes, po-
tevinos, bretones y normando y los "franceses los primeros"
en que Ganelón debe perecer en medio de terrible angustia:

"Se traen cuatro corceles, y a ellos se atan los pies y manos
de Ganelón. Los caballos son veloces y briosos. Ante ellos,
cuatro sargentos los azuzan hacia un arroyo que atraviesa el
campo. Ganelón ha llegado a su perdición. Todos sus nervios
se distienden, todos los miembros de su cuerpo se desgarran;
sobre la hierba verde se derrama clara su sangre. Ha hallado
Ganelón la muerte que merece un felón probado".[84]

Carlomagno simboliza en este gesto la relación que debe tener la Cristiandad contra el felón que apoyó a los sarracenos,
más aún en función de la imagen que proyecta el *Cantar* de
su figura. El emperador es dotado de elementos crísticos en
la obra, es decir, el representante de Jesús en la Tierra, es el
elegido de Dios:

"Para Carlomagno hizo Dios un gran milagro: detiénese el
sol y queda inmóvil. Huyen los infieles y los francos los persi-

---

82. Ibíd, XLVII.
83. Ibíd, CCLXXXVI.
84. Ibíd, CCLXXXIX.

guen en recia acometida".[85]

"Sabemos bien lo que aconteció con la lanza que hirió a Nuestro Señor en la cruz; Carlos posee la punta, por la gracia de Dios, y la ha hecho engastar en el pomo de oro; a causa de este honor y esta merced, ha recibido la espada el nombre de Joyosa". [86]

"Carlos duerme, como un hombre atormentado por profundo pesar. Dios le manda a San Gabriel, encargándole velar sobre el emperador. Toda la noche, el ángel permanece a su cabecera. Por una visión, le anuncia que habrá de librar una batalla, y se la muestra bajo funestos augurios". [87]

"De madrugada, al primer albor del día, Carlos, el emperador, se ha despertado. San Gabriel, que por mandato de Dios lo guarda, alza la mano y traza sobre él el signo de la cruz".[88]

"El emir es de gran valor. Hiere a Carlomagno sobre su yelmo de acero oscuro, lo quiebra sobre su cabeza y lo hiende. La hoja penetra hasta la cabellera y corta un palmo entero de carne, o más: el hueso queda al descubierto. Carlos se tambalea y por poco cae a tierra. Pero Dios no quiere que sea muerto ni vencido. San Gabriel retorna hacia él y le pregunta:

Rey magno, ¿qué haces?"[89]

"Cuando Carlos escucha la santa voz del ángel, desecha todo temor; sabe que no habrá de perecer".[90]

Carlomagno es el gran emperador, cuyo valor es inconmensurable, a quien Dios iluminó con tan grandes dones para la defensa de su pueblo. Es, sin duda, el salvador y propulsor de

---

85. Ibíd, CLXXX.

86. Ibíd, CLXXXIII.

87. Ibíd, CLXXXV.

88. Ibíd, CCIII.

89. Ibíd, CCLXI.

90. Ibíd, CCXII.

la Cristiandad en Occidente. Las referencias bíblicas que rodean la figura del emperador en el *Cantar*, son bastante claras y tienen relación con su barba blanca, con los doce pares que simbolizan la primitiva comunidad cristiana, y la traición de Ganelón se asimila a la de Judas. Todo lo anterior es una ideología al servicio de una idea, el propósito principal es convertir la guerra en una cruzada religiosa, entre la Cristiandad y el Islam, entre occidente y oriente.

> "Pasa el día; es ya noche cerrada. Luce clara la luna y fulguran las estrellas. El emperador ha tomado Zaragoza. Mil franceses han sido encargados de reconocer a fondo la ciudad, sus sinagogas y sus mezquitas. Con mazas de hierro y grandes hachas destrozan las imágenes y todos los ídolos: no perdurará allí ningún maleficio ni sortilegio. El rey cree en Dios, quiere servirlo debidamente, y sus obispos bendicen las aguas. Hace llevar a los infieles hasta el bapisterio; si alguno resiste ante Carlos, el rey lo manda a colgar, o le da muerte por el fuego o el acero. Más de cien mil se vuelven verdaderos cristianos por el bautismo, excepto la reina que será conducida a Francia, la dulce en cautiverio: el rey quiere que se convierta por amor".[91]

El conflicto es una cruzada religiosa, no se busca sólo el triunfo militar, se debe cristianizar a los paganos, controlarlo con lo más poderoso que mueve al hombre medieval: la fe. Está implícito un proceso propagandístico y por ende, se define el eje del bien y el eje del mal. Se construye una visión del pasado que sirve a los intereses del presente.

De la lectura del *Roldán* la forma más común de identificar a los musulmanes es el concepto de infiel (concepto casi sinónimo a lo largo del *Cantar* para referirse a los agarenos). Al enfrentarnos al poema y sus personajes esta situación se concretiza. El temprano relato sobre el adversario se concre-

______

91. Ibíd, CCLXVI.

tiza en la escena II, con la participación del Rey Marsil en Zaragoza. Desde ese momento podemos encontrar cincuenta y un nombres de las huestes enemigas, además de algunas descripciones colectivas de batallones y una referencia a un personaje sin individualizarlo. Sólo una mujer es nombrada (el carácter masculino de la épica), Abraima, esposa de Marsil. Lo primero a destacar al respecto es que, sin duda, son nombres de fantasía, ya que son completamente ajenos a la lengua árabe: Falsarón, Malbián, Malprimís, Malquidán, Abismo, Malcuidant, Malcud.

No es menor asociar que los nombres de los personajes moros manifiestan un cierto parentesco con lo malo, mágico o demoniaco (como lo ha estudiado el profesor Franco Cardini en sus textos sobre magia, brujería o superstición en el occidente medieval). Los árabes, que se enfrentan a Roldán, llevan nombres que comienzan con la palabra "Mal" (Malprimis, Malcuidant, Malcud); o que evocan la idea de mentira o falsedad (Falsarón); e incluso un concepto que puede asociarse a la perdición o al mismo infierno (Abismo).

> "Los sarracenos son rodeados por un halo de misterio y malevolencia. Sus nombres manifiestan un parentesco con lo mágico, lo demoniaco".[92]

La invención de divinidades también aparece reflejada en el texto, lo mismo que la falsa iconología del Islam. No son pocas las veces en que aparece nombrado Tervagán junto con Mahoma, Júpiter y Apolo. Tervagán parece una divinidad inventada en el *Roldán*, pero que al investigarla está siempre asociada con el Mal. Apolo y las referencias a Júpiter, dioses muy populares del occidente pre cristiano, se hacen con el fin de marcar la diferencia con el mundo pagano.

---

92. Cardini, Franco. *Nosotros y el Islam; historia de un mal entendido.* Editorial Crítica, Barcelona, 2002, página 23.

"La forma que pudiera funcionar la propaganda contra los musulmanes es naturalizando al otro, adornándolo con las desviaciones de la propia convicción para dar lugar a una parodia. Por ello, no sorprende encontrar, ya en la Primera Cruzada, el equivalente musulmán de la Trinidad católica, una trinidad que consiste en Mahoma, Termagant, y Apolo... Sus nombres proceden de juegos de palabras y etimologías de las formas más tenues, de modo que Termagant (deidad imaginaria adorada por los musulmanes según los cristianos medievales) se origina en la Trivia (la diosa romanade las encrucijadas, identificada como la Hécate griega, divinidad bienhechora, que normalmente hace prosperar las empresas de los hombres, aunque puede condenarlas al fracaso si le place), y Moab (en el Antiguo Testamento se dice que Moab, patriarca fundador de los Moabitas, era el primer hijo de la relación incestuosa de Lot con sus hijas, cuando éstas lo emborracharon al creerse en la obligación de tener relaciones con su padre para perpetuar la raza humana al no encontrar varón).[93]

La figura de Mahoma es, en la época de estudio, completamente denostada por la cristiandad y su nombre siempre aparece haciendo referencia al anticristo. Incluso podemos afirmar que la forma en que es referenciado Mahoma en el *Cantar* está más cerca de una imagen divina que de un profeta, concepción muy alejada de los planteamientos del Islam, que reconoce en Mahoma a un hombre entre los hombres y el último en recibir la palabra revelada.

"En la torre más alta se coloca a Mahoma y todos los infieles lo adoran y le rezan".[94]

La teología cristiana interpretó la historia y la política en función de los textos bíblicos, y en esa interpretación, el enemigo de la iglesia y de la cristiandad, el sarraceno, desempeñó

---

93. Op. Cit. Abd El-Rasol, Osama, página 92.
94. Op. Cit. Turoldo, LXVIII.

un papel crucial que está atestiguado en la obra del Roldán.

> "Hay algunos autores que plantean que "Mahoma podría incluso haber sido reconocido como la bestia del Apocalipsis, cuyo número es seiscientos sesenta y seis, (rev. 13:18), el número de años declarados de dominación musulmana en el mundo. Y así, la cruzada podría describirse por los predicadores populares como la lucha de los santos contra la bestia".[95]

Mahoma, Tervagán y Apolo, parecen representar una antitrinidad que contrapesa, sin mayor éxito, a la trinidad cristiana. Ante la inminencia de la derrota:

> "Huye hacia Zaragoza el rey Marsil. Echa pie a tierra bajo un olivo, a la sombra, y confía a sus hombres su espada, su yelmo y su coraza. Se tiende sobre la hierba verde, miserablemente. Ha perdido su mano derecha, cercenada de un tajo; tanta sangre derrama por la herida, que se desmaya de angustia. Ante él, gime y llora su esposa Abraima, lamentándose, a gritos. Con ella son más de veinte mil los que maldicen a Carlos y a Francia, la dulce. Corren hacia una cripta, donde está la efigie de Apolo, y lo increpan, ultrajándolo con viles palabras:

> ¡Ah, dios maligno! ¿Por qué permites semejante agravio? ¿Por qué has consentido la ruina de nuestro rey? ¡Mal pagas a los que te sirven con abnegación! Después lo despojan de su cetro y de su corona y lo cuelgan por las manos de una columna.

> Por tierra, ante sus pies, lo derriban, y con gruesos palos lo golpean y quebrantan. Luego le arrancan a Tervagán, su carbunclo, y arrojan a Mahoma en un foso, para que lo muerdan y lo pisoteen los cerdos y los perros".[96]

El aparato publicitario de la épica se devela con mayor claridad. El fracaso de Marsil es la derrota de sus dioses y trae

---

95. Setton, K. *Western Hostility to Islam and prophecies af Turkish Doom*. Ed. American Philosophical Society. Philadelphia, 1992, página 11.

96. Op. Cit. Turoldo, CLXXXVII.

acarreada su ilegitimidad estableciendo la supremacía del cristianismo. Paralelamente a la condición de infiel se asocia una frágil lealtad hacia sus deidades. De esta manera aparece reflejado el tema de la falsa fe, los paganos increpan a sus divinidades y reniegan de ellos. El Cantar es el instrumento para contrastar ambas creencias y establecer la supremacía del cristianismo frente al Islam, de la verdadera ante la falsa fe, de Cristo, el verdadero hijo de Dios, ante Mahoma, un falso dios o profeta.

Las características físicas de los sarracenos están directamente relacionadas con sus nombres. La maldad y lo demoniaco también tienen su expresión física. Muchos poseen un tamaño y una fuerza física que excede con largueza las capacidades humanas. De algunos se dice claramente que son gigantes con un rostro que es descrito de manera amenazadora a partir de sus proporciones y color de su piel (la negritud), características que apuntan hacia lo bárbaro, lo bestial y al salvajismo.

> "De grandes cabezas; les crecen en el espinazo, a lo largo de la espalda, cerdas como tienen los puercos. Es una raza que jamás persiguió el bien".[97]

> "... feos cananeos... tiene la piel tan dura como el hierro, y por eso no necesitan loriga ni yelmo".[98]

> "Un duque, llamado Falsarón, se encuentra allí. Es hermano del rey Marsil y posee las tierras de Datan y de Abirón. No existe peor truhán bajo los cielos. Es tan amplia su frente que puede medirse medio pié entre sus dos ojos".[99]

> "Por otro lado acude Chernublo de Monegros. Su cabellera flotante arrastra por los suelos. Es para él juego de niños,

---

97. Ibíd, CCXXXII
98. Ibíd, CCXXXIII.
99. Ibíd, XCIV.

cuando está de humor para ello, llevar largamente la carga de cuatro mulos enalbardados".[100]

"Abismo: no hay otro más felón en la turba. Está lleno de vicios y de crímenes, y no cree en Dios, el hijo de Santa María. Es tan negro como la pez derretida, y más que todo el oro de Galicia lo tientan la traición y la matanza. Nunca lo vio alguno jugar ni reír".[101]

"Mas, ¿de qué sirve su desbandada? Si ha huido Marsil, ha quedado su tío Marganice, que es dueño de Cartago, Alfrere, Garmalia y Etiopía, una tierra maldita: su señorío abarca la raza de los negros. Tienen estos grande la nariz y amplias las orejas, y se encuentran allí más de cincuenta mil".[102]

"Al ver Roldán a la turba maldita, más negra que la tinta y que sólo los dientes tiene blancos,..." [103]

"Los de Occián rebuznan y relinchan, los de Argolide aúllan como perros. ¡Con qué intrepidez desafían a los franceses! Arremeten en las filas más compactas, las quebrantan y dispersan. Y después de su acometida, quedan siete mil muertos sobre el terreno".[104]

Sin embargo, vale la pena destacar que los elementos de animalización se refieren más a los batallones venidos de África o de regiones desconocidas o fantásticas, mientras que los sarracenos de Hispania son descritos con características humanas, más "normales".

Una reflexión especial merece el entorno físico y los lugares de origen de los sarracenos con lo que el espacio también se levanta como un recurso plástico a disposición de esta ca-

---

100. Ibíd,LXXVIII.

101. Ibíd, CXIII.

102. Ibíd,CXLIII.

103. Ibíd,CXLIV.

104. Ibíd, CCLV.

racterización del árabe. Éstos provienen de lugares malditos, entre los que podemos destacar: Monegros, Valpenosa, Butrinto, Malprosa, Garmalia, Maltrayén, Valherrado, Misnia, entre otros. De Monegros, de donde es original Chernublo, el *Cantar* destaca lo siguiente:

> "Se dice que en su país el sol no luce nunca, no puede crecer el trigo, no cae lluvia ni se forma rocío; todas las piedras son negras. Algunos dicen que allí moran los diablos".[105]

Ni la muerte aleja a los sarracenos de su cercanía a la maldad y a lo demoniaco. Recordemos la cristiana imagen de la muerte de Roldán (analizada anteriormente) contrasta con lo que les espera a los sarracenos de caer en el campo de batalla:

> "Y Garín acomete a Malprimís de Brigantia. El buen escudo del infiel de nada le vale. Garín le rompe la bloca de cristal y la mitad cae a Tierra. Le desgarra la cota hasta la carne y le hunde su buena pica en el cuerpo. El sarraceno se desploma como una masa. Satanás se lleva su alma".[106]

> "El arzobispo Turpín ha matado a Siglorel, el hechicero que había estado ya en los infiernos: merced a un sortilegio de Júpiter logró tal empresa".[107]

> "Clava en su corcel las espuelas de oro puro. Blande Altaclara, cuyo acero chorrea sangre; con todas sus fuerzas acomete al infiel. Sacude la hoja en la herida y se desploma el sarraceno; los demonios llevan su alma".[108]

Lo anterior contrasta notablemente, no solo con la muerte de Roldán, con lo que le espera a cualquier cristiano al caer en manos enemigas en tal empresa. Es una guerra santa y de

---

105. Ibid, LXXVIII.

106. Ibid, XCVI.

107. Ibid, CVIII.

108. Ibid, CXVII.

cruzada, tal como lo atestigua la prédica del arzobispo Turpín en plena refriega del combate:

> "Pronto, según nos parece prometido, llegará nuestro fin, no viviremos más allá de este día; pero una cosa os puedo asegurar: abiertas de par en par están para vosotros las puertas del Santo Paraíso; allí os sentaréis junto a los Inocentes.
>
> Al oír tales palabras, siéntense los francos tan confortados, que ni uno solo deja de gritar:
>
> ¡Montjoie!"[109]

La Guerra Santa se confirma, la eliminación del otro viene a ser un imperativo ético que cuenta con la gracia de Dios. La condición humana del adversario, está seriamente en duda, bestialidad, animalidad, maldad y maleficios terminan por socavarla.

La felonía es la característica más destacada del sarraceno por la obra y es el acto iniciático de la misma. El temor a enfrentarse a Carlomagno los lleva a planear un falso acuerdo de rendición:

> "Entre los infieles, Blancandrín es juicioso: por su valor, buen caballero; por su nobleza, buen consejero de su señor. Le dice al rey:
>
> ¡Nada temáis! Enviad a Carlos, orgulloso y altivo, palabras de servicio fiel y de gran amistad. Le daréis osos, leones y perros, setecientos camellos y mil azores mudados, cuatrocientas mulas cargadas de oro y plata, y cincuenta carros, con los que podrá formar un cortejo; con largueza pagará así a sus mercenarios, Mandadle decir que combatió bastante en esta tierra; que a Aquisgrán, en Francia, debería volverse, que allí lo seguiréis, en la fiesta de San Miguel, que recibiréis la ley de los cristianos; que os convertiréis en su vasallo, para honra y para bien. ¿Quiere rehenes?, pues bien, mandémosle diez o

---

109. Ibíd, CXV.

veinte, para darle confianza. Enviemos a los hijos de nuestras esposas: así parezca, yo le entregaré el mío. Más vale que caigan sus cabezas y no perdamos nosotros la libertad y señorío, hasta vernos reducidos a mendigar".[110]

"El rey Marsil ha escuchado a sus consejeros. Llama a Clarín de Balaguer, Estamarín y su par Eudropín, y a Priamón y Guarlán el Barbudo, y a Machiner y su tío Maheu, y a Journer y a Malbián de Ultramar, y a Blancandrín, para hablar en su nombre. Entre los más felones, toma diez aparte y les dice:

Señores barones, iréis hacia Carlos. Está ante la ciudad de Cordres, a la que ha puesto sitio. Llevaréis en las manos ramas de olivo, en señal de paz y humildad. Si gracias a vuestra habilidad, podéis llegar a un acuerdo con él, os daré oro y plata a profusión, tierras y feudo a medida de vuestros deseos.

¡Nos colmáis con ello! – dicen los infieles".[111]

Llama la atención como antivalores se convierten en valores bajo la mirada que occidente construye sobre el mundo islámico: Blancandrín, que elucubra la felonía, es juicioso, noble y buen consejero de su rey; los diez felones, de convencer a Carlos, serán recompensados por su "habilidad".

La cobardía es otra característica que anida el *Roldán* en el mundo musulmán. El ejemplo más claro es el ataque a la retaguardia de las huestes francesas que garantiza una superioridad favorable.

"Tan fiera intrepidez anima al conde Roldán que ningún hombre hecho de carne habrá de vencerlo jamás. Arrojemos contra él nuestras jabalinas y abandonémosle el campo.

Y disparan en efecto dardos y jabalinas innumerables, picas lanzas y flechas emplumadas. Rompen y taladran su escudo, y desgarran mallas de su cota, más no alcanzan a herir su cuer-

---

110. Ibíd, III.
111. Ibíd, V.

po. Empero, Briador ha recibido treinta heridas y se desploma sin vida bajo el conde. Huyen los moros dejándole libre el campo.

Queda solo el conde Roldán desmontado".[112]

En pos de la claridad es necesario confirmar que el poema también aporta atributos positivos para algunos sarracenos. Es importante destacar que este reconocimiento se encuentra siempre individualizado y nunca se hace extensible al colectivo y, comúnmente, va acompañado de una carencia básica: no son cristianos.

"Un noble de Balaguer se halla entre ellos. Su cuerpo se encuentra lleno de gallardía y su rostro es abierto y esforzado. Una vez montado en su corcel y cubierto con su armadura, tiene muy buena estampa. Su valor le ha granjeado gran fama: ¡qué noble barón, si cristiano fuera!"[113]

"Baligán monta sobre su caballo; Márcules de Ultramar le ha sujetado el estribo. Tiene el esforzado muy grande la horcajadura, las caderas estrechas y anchos los costados; amplio y bien modelado el pecho, robustos los hombros, muy clara la tez y altanero el semblante. Su cabello ensortijado es tan blanco como flor de primavera, y muchas veces ha probado su denuedo. ¡Dios!, ¡qué barón, si cristiano fuera!"[114]

"El emir tiene el aspecto de un verdadero barón. Como flor blanca es su barba. Es doctor muy sabio en su ley y se muestra soberbio e intrépido en la lid. Su hijo Malprimís es también cumplido caballero. Es de alta estatura y fuerte; tiene la traza de sus antepasados." [115]

Estas referencias, en la globalidad de la obra, son muy me-

---

112. Ibíd, CLX.

113. Ibíd, LXXII.

114. Ibíd, CCXXVIII.

115. Ibíd, CCXXIX.

nores, sin embargo ayudan a matizar un poco la brecha entre buenos y malos. Entre los atributos planteados podemos nombrar la valentía, gallardía, hermosura, lealtad a sus compañeros y el compromiso afectivo para con sus hijos:

"Baligán, señor –le dice-, un gran infortunio se ha abatido sobre vos: habéis perdido a vuestro hijo Malprimís. Y Canabeu, vuestro hermano, ha sido muerto. Dos franceses tuvieron la suerte de vencerlos. Creo que uno de los dos es el emperador: es un barón e elevada estatura, cuya prestancia es propia de un paladín; tiene la barba blanca como flor de abril.

El emir baja la cabeza, cargada del yelmo. Se le ensombrece el rostro y es tan agudo su dolor que se siente morir".[116]

---

116. Ibíd, CCLIII.

X. Conclusiones

Sin lugar a dudas que el Cantar de Roldán es una obra cumbre de la épica románica de la Europa medieval. Sin embargo, su valor literario, lingüístico y hasta simbólico no ha sido menos que la relevancia histórica, heurística e informativa del poema. Dilucidada, desde mi punto de vista, la polémica referida a la historicidad del cantar, que entiende que lo histórico de él reside en su actualidad y por ende no en su pasado y más allá de la dificultad de hacer un seguimiento sincrónico del hecho relatado en el Cantar y las diferencias históricas que surgen a la hora de ajustar su lectura al momento concreto de los hechos o a los personajes o circunstancias, la historicidad del poema se refleja con nitidez hacia finales del siglo XI, momento en que se cree que el Cantar se puso por escrito y conservado en una copia del siglo XII localizada en Oxford.

El tema central del Cantar es la lucha contra los sarracenos, cuya imagen se construye interesadamente en virtud de una oposición excluyente con la figura del cristiano. En el contexto de una Iglesia poderosa y un poder civil debilitado, el conflicto debe trabarse en contra del infiel (no es un enemigo cualquiera, la fe es la aglutinante y la que construye el conflicto) por lo que la Guerra Santa es la que inspira la realidad histórica de este conflicto. Es en el siglo XI donde situamos con mayor claridad la Idea de la Guerra Santa, en el contexto de la Primera y Segunda Cruzada, a través de las palabras del Papa Urbano II y de Bernardo de Claraval, más el aporte de otros intelectuales de la época, se descubre el temor por el Otro y que el Cantar de Roldán recoge con claridad. El contexto apocalíptico, los recuerdos del pasado aumentan el temor a cualquier alteridad y Occidente construye, a partir de la Iglesia, una imagen interesada del agareno que sirva a su sobrevivencia y a sus intereses políticos y económicos. En este proceso, la Iglesia buscaba restringir los conflictos al interior de la Cristiandad y enfocar los esfuerzos militares contra la mayor amenaza externa y que ofrecía interesantes recompensas económicas y espirituales a los convocados. El aniquilamiento del Otro, en este caso el musulmán, es una necesidad claramente detectada por la Iglesia que pondrá al servicio de la causa toda su maquinaria. La amenaza sarracena en Oriente alteraba el reino de Dios que sólo podría ser restablecido por la imposición de la verdadera fe.

En el transcurso de los siglos XI y XII todo está armado, se ha construido un concepto claro que influirá en la realidad, las cruzadas son la expresión más clara de ello y se preparan mediante una propaganda impulsada por la Iglesia que con sus prédicas puede llegar a todos los hombres y mujeres de la época. Mahoma y sus seguidores son la amenaza y se ponen en el punto de mira de los odios cristianos. La obra del Roldán nos pone allí, nos hace testigos de ese instante en el que se entrelazan los recuerdos (aquel de fines del siglo VIII en la frontera de los Pirineos) con los temores actuales. Desde ese instante se revive el conflicto y se construye casi una mitología que se resume en el duelo entre el caballero cristiano y el sarraceno. La lucha contra el infiel se convierte en la meta narración del ideal caballeresco.

XI. Bibliografía

Abd El-Rasol, Osama. "Análisis de los estudios árabes en España en el siglo XIX: Dozy y Consecuencias". Memoria para optar al grado de Doctor, Universidad Complutense de Madrid, 2013.

Alvar, Carlos, "Cincuenta años de estudios de Poesía Épica Española Medieval". *Revista de Literatura Medieval*, XVIII.

Alvar, Carlos. *Roldán en Zaragoza*. Zaragoza, CAI, 2000.

Baschet, Jerome. *La Civilización Feudal. Europa del año mil a la colonización de América*. Fondo de Cultura Económica, México, 2009.

Bryce, James. *El Sacro Imperio Romano*. Macmillan, Londres, 1987.

Claraval, Bernardo. *Carta al Papa Inocencio III. Elogio a la nueva milicia Templaria*. Siruela, Madrid, 1994.

Cardini, Franco. *Nosotros y el Islam; historia de un mal entendido*. Editorial Crítica, Barcelona, 2002.

Eginardo. *Vita Karoli Magni*. Ediciones Orbis, Barcelona 1986.

Frassetto, Blanks. *Werstern views of Islam in medieval and early modern Europe. Perception of other*. Edit. Basingstoke, Macmillan, 1999.

García Pérez, Guillermo. "Carlomagno en Roncesvalles: un error militar viario". Artículo publicado en *El Nuevo Miliario*, Madrid, Diciembre de 2005.

González-Blanco, Elena. "Sarracín, sarraceno y su campo semántico. Un problema léxico abierto". *Intralingüística* 17, 2007.

Hattstein, M. y Delius, P. *Islam. Arte y Arquitectura*. Ed. Ullmann, Barcelona, 2004.

Huntington, Samuel. *El Choque de civilizaciones y la reconfiguración del orden mundial.* Ed. Paidós, España, 2011.

Iglesias, Juan José. *La violencia en la Historia. Análisis del pasado y perspectiva del mundo actual.* Universidad de Huelva, 2012.

Jimeno, José María. "El mito del Camino alto entre Roncesvalles y Saint-Jean-Pied-de-Port". *Revista Príncipe de Viana* 130, página 85 a 175, 1976.

Ladero, Miguel. *Historia Universal, Edad Media.* Ed. Vicens Vives, Barcelona, 1996.

Le Moine, Roberte. *Histoire de la Premier Croisade.* Ed. Guizot, Paris, 1825.

Miranda, María Adelaida. "La Alteridad Bárbara: de las representaciones de lo fantástico en el románico al hombre salvaje del gótico final". *Cuadernos del CEMyR*, 10, 2002.

Pidal, Menéndez. *Cantos románicos andalusíes, continuadores de una lírica latina vulgar.* Madrid, Espasa Calpe, 1956.

Kahler, Erich, *¿Qué es la Historia?* Fondo de Cultura Económica, Santiago, 1993.

Karolus Rex Francorum. Epístola ad Leonem III Papam. En Tessier, G. *Charlemagne.* Albin Michel, Paris, 1967.

Le Goff, Jacques. *La Civilización del Occidente Medieval.* Editorial Paidós, Barcelona, 2002.

Retamal, Julio. "*Y Después de Occidente ¿qué?*" Ed. Andrés Bello, Santiago, 2008.

Ryley-Smith, Jonathan. *¿Qué Fueron las Cruzadas*", Ed. Acantilado, Barcelona 2012.

Said, Edward. *Orientalismo.* Libertarias 1, Barcelona, 1990.

Sarasa Sánchez, Esteban. "Una Lectura Histórica del Cantar de Roldán". *Revista de Historia. Homenaje a don Antonio Durán Guidol,* Zaragoza, 1995.

Schragl, Friedrich. "*Cruzadas*", Artículo, Madrid, 1990.

Segre, Cesare. *Géneros*. Ed. Crítica, Barcelona, 1985.

Setton, K. *Western Hostility to Islam and prophecies af Turkish Doom*. American Philosophical Society. Philadelphia, 1992.

Turoldo. *El Cantar de Roldán*. Anónimo francés del año 1100. Versión de Benjamín Jarnes, Ed. Alianza, Madrid, 2003.

Ubieto, Antonio. *La Chanson de Roland, y algunos problemas históricos*. Anubar Ediciones, Barcelona, 1985.

Ullmann, Walter. *Historia pensamiento político en la Edad Media*. Ed. Ariel, Barcelona, 2006.

Valverde, José María y De Riquer, Martín. *La Épica Medieval*. Tauro, Buenos Aires.

Watson, Peter. *Ideas. Historia Intelectual de la Humanidad"* Ed. Crítica, Madrid, 2006.

Weckmann, Luis. *La Sociedad feudal*. Ed. Jus, México, 1944.